I0091523

Normas mínimas para la recuperación económica

LA RED SEEP

seep
Powering connections

PRACTICAL ACTION
Publishing

Practical Action Publishing Ltd
Schumacher Centre for Technology and Development
Bourton on Dunsmore, Rugby,
Warwickshire CV23 9QZ, UK
www.practicalaction.org

Copyright © 2010 La Red SEEP

Edición Segunda

Practical Action Publishing edición 2014

ISBN 978-1-85339-799-8 Paperback
ISBN 978-1-85339-798-1 Hardback
ISBN 978-1-85339-819-3 Multiple copy pack

Se permite copiar secciones de esta publicación o adaptarlas a las necesidades locales sin el permiso de La Red SEEP, siempre que las secciones copiadas se distribuyan gratuitamente o al costo, sin fines de lucro. Por favor, atribuya el crédito de las secciones utilizadas a las *Normas mínimas para la recuperación económica* y a La Red SEEP.

Este libro tiene una entrada de catálogo de la Biblioteca Británica Si desea realizar una reproducción comercial, por favor obtenga antes el permiso de
La Red SEEP, 1875 Connecticut Avenue, NW, Suite 414
Washington, DC 20009

Correo electrónico: seep@seepnetwork.org   Web: www.seepnetwork.org

Para obtener acceso a esta publicación en línea, por favor visite www.seepnetwork.org

Este estudio fue posible gracias al generoso apoyo del pueblo estadounidense por medio de la Agencia de los Estados Unidos para el Desarrollo Internacional (USAID).
El contenido es responsabilidad de La Red SEEP y no necesariamente refleja los puntos de vista de USAID o del Gobierno de los Estados Unidos.
Esta iniciativa se lleva a cabo como parte del mecanismo AED FIELD-Support.
Si desea mayor información, por favor visite www.microlinks.org/field.

Desde 1974, Practical Action Publishing ha publicado y difundido libros e información en apoyo a labores internacionales de desarrollo realizadas en todo el mundo. Practical Action Publishing es un nombre comercial de Practical Action Publishing Ltd (Registro Mercantil -Company Register- Nº 1159018), empresa editora 100% propiedad de Practical Action. Practical Action Publishing opera exclusivamente para apoyar los objetivos de su organización sin ánimo de lucro matriz y cualquier beneficio obtenido se reinvierte en Practical Action (Registro de Empresas sin Ánimo de Lucro -Charity Register- Nº 247257, Número de Registro de IVA del Grupo Nº 880 9924 76).

Índice

CÓMO LEER LAS
NORMAS MÍNIMAS PARA LA RECUPER-ACIÓN ECONÓMICA

Las *Normas mínimas para la recuperación económica* expresan el nivel mínimo de asistencia técnica y de otra índole que deben proporcionarse para promover la recuperación de las economías y de los medios de vida afectados por la crisis. Este libro utiliza la misma estructura desarrollada por Esfera (según se describe en el *Manual*) para sus normas, concretamente, las acciones clave, los indicadores clave y las notas de orientación:

- Las normas individuales son de naturaleza cualitativa y especifican los niveles mínimos que deben lograrse.

- Las acciones clave son las actividades e insumos necesarios que necesitan tomarse en cuenta para cumplir con las normas mínimas.

- Los indicadores clave son 'señales' que muestran si se ha logrado una norma mínima. Representan una manera de medir y comunicar los procesos y resultados de las acciones clave.

- Las notas de orientación incluyen puntos específicos que deben considerarse al aplicar las normas mínimas, los indicadores clave y las acciones clave en diferentes situaciones. Brindan orientación para enfrentar dificultades prácticas, puntos de referencia o consejo sobre temas prioritarios. También pueden incluir temas críticos relacionados con las normas, los indicadores o las acciones y describir dilemas, controversias o brechas en el conocimiento actual."[1]

Los indicadores de las Normas esenciales para la recuperación económica (de aquí en adelante las Normas esenciales) acomodan variaciones amplias en una aplicación de usuario. Por lo tanto, no son SMART (específicas, medibles, alcanzables, pertinentes y de duración determinada). Las especificaciones medibles y de duración determinada (para planes de proyecto, marcos lógicos y monitoreo) dependen en gran manera del contexto y el sector específicos; los usuarios deberían adaptar los indicadores a su situación particular, según sea apropiado.[2]

Nota para el lector

El *Manual de las normas mínimas para la recuperación económica* se presenta en seis categorías. Las primeras dos secciones, las Normas esenciales y las Normas en materia de valoración y análisis, establecen las consideraciones básicas que son esenciales para las otras normas técnicas y todas las actividades que apoyan a la recuperación económica. Las Normas esenciales son los requisitos mínimos para asegurar la calidad y la rendición de cuentas, y para proporcionar los procesos y procedimientos necesarios para implementar las buenas prácticas. Las Normas en materia de valoración y análisis tratan con los sistemas de mercado, las economías del hogar y las limitaciones y oportunidades económicas más amplias, los cuales representan las precondiciones para la recuperación económica. Cada conjunto subsiguiente de normas del *Manual de las normas mínimas para la recuperación económica* de SEEP supone el conocimiento, uso y comprensión de estos capítulos.

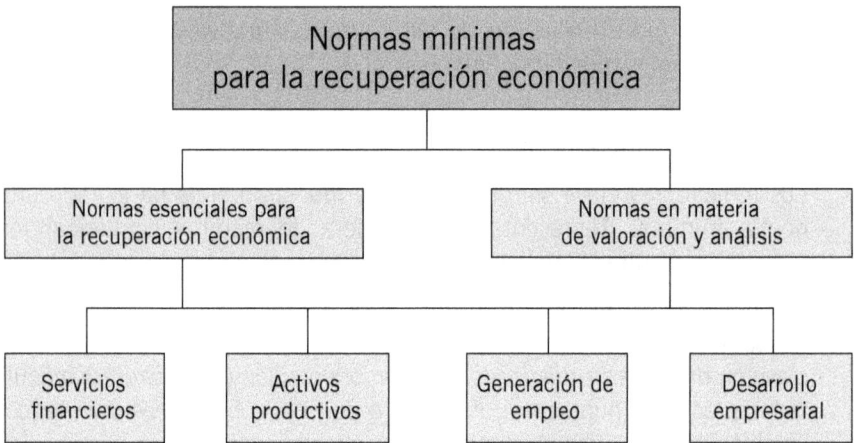

Normas mínimas para la recuperación económica

- **Normas esenciales para la recuperación económica**
  - Servicios financieros
  - Activos productivos
- **Normas en materia de valoración y análisis**
  - Generación de empleo
  - Desarrollo empresarial

Figura 1 Estructura general de las normas

1

INTRODUCCIÓN

"El Proyecto Esfera se fundamenta en dos creencias centrales: primero, que deben tomarse todos los pasos posibles para aliviar el sufrimiento humano resultado de la calamidad y el conflicto y, segundo, que los afectados por un desastre tienen derecho a vivir con dignidad.."[3] La oportunidad de obtener ingresos por medio del empleo o de la operación de un negocio también es fundamental para la dignidad de las personas y para ayudarles a recuperarse de las crisis. El tener una vocación, y la capacidad de practicarla de manera lucrativa, faculta a las personas y comunidades afectadas para volver a tomar el control de sus vidas al suplir sus propias necesidades de la manera que mejor les parezca. Este derecho está previsto en muchos convenios y documentos internacionales, incluyendo la Declaración Universal de Derechos Humanos de las Naciones Unidas (1948), la Declaración de Filadelfia de la Organización Internacional del Trabajo (1944), la Carta de las Naciones Unidas (1945), el Pacto Internacional de Derechos Económicos, Sociales y Culturales de las Naciones Unidas (1966) y más recientemente en el preámbulo de las Metas de Desarrollo del Milenio de las Naciones Unidas (2005).

Cada vez más, los profesionales y los donantes que responden a los desastres están reconociendo la necesidad de proporcionar apoyo rápido y personalizado para los medios de vida, empresas y economías afectadas tras el paso de una crisis. Esto se hace frecuentemente en paralelo con los esfuerzos de emergencia para suplir las necesidades humanas básicas de alojamiento, agua, alimentación y servicios de salud. En el pasado, la asistencia para la recuperación económica había sido vista como una actividad que debía realizarse en etapas posteriores. Sin embargo, los desastres, como el tsunami del 2004 que afectó al Océano Índico, los conflictos prolongados en el Medio Oriente y el Sur de Asia y el terremoto de Haití en el 2010, ilustran que una economía continúa funcionando durante una crisis, aunque con una tasa de crecimiento reducida o en disminución. Las poblaciones afectadas requieren fuentes de ingresos, al menos para sobrevivir y como mucho para prosperar nuevamente.

Los enfoques en "fases" se refieren a las actividades de auxilio humanitario o de emergencia que se llevan a cabo por un período de tiempo, seguidas por un espacio de tiempo antes de la introducción de actividades de desarrollo. Sin embargo, muchas crisis se estancan en la fase de auxilio humanitario y los programas de desarrollo económico no se implementan lo suficientemente rápido.

Frecuentemente hay poca coordinación o transición entre la respuesta de emergencia y la recuperación. Adicionalmente, la investigación muestra que, en entornos de conflicto, los enfoques en fases dificultan la reconstrucción económica e incluso pueden exacerbar el riesgo de nuevas tensiones.[4] Los enfoques en fases también pueden dar como resultado que los beneficiarios dependan más de la ayuda.

La programación de la recuperación económica en dichos entornos puede incluir la canalización del auxilio humanitario básico por medio de los negocios locales, usando la compra local y la asistencia basada en efectivo. También puede incluir actividades que apoyen la recuperación más rápida de las empresas afectadas permitiéndoles reestablecer las actividades económicas viables o aumentar su productividad.

En realidad, no toda la asistencia para apoyar la recuperación de los medios de vida y las empresas afectadas es tan eficaz como podría ser. Los esfuerzos de asistencia frecuentemente ignoran la dinámica y las tendencias del mercado y, como resultado, apoyan actividades económicas no viables o promueven actividades que tienen un efecto de exclusión de las empresas locales. Esto da como resultado la asistencia que tiene impactos fugaces o incluso dañinos. Se distorsionan los incentivos de los individuos para invertir en negocios viables y operarlos, por lo que el ritmo de la recuperación económica en general se hace más despacio. Las Normas contienen varios ejemplos[5] de estos tipos de programas e ilustran los impactos en las economías locales y los medios de vida de los hogares. Luego, dentro de los indicadores clave, las acciones y las notas de orientación, se proporcionan indicaciones acerca de cómo pueden fortalecerse estos tipos de esfuerzos en el futuro.

Esta falta de una respuesta eficaz es debida a muchos factores. Si el campo de la recuperación económica se dedica a encontrar prácticas con un impacto más fuerte y que pueden alcanzar mayor escala, debe desarrollar un consenso entre las comunidades de profesionales y donantes acerca de las normas mínimas para las prácticas de recuperación económica. Esto requiere una revisión de los elementos críticos de los programas, como la evaluación, el diseño del programa, la implementación, el monitoreo y la evaluación, la coordinación y las mejores prácticas técnicas.

Enfoque de las Normas Normas mínimas para la recuperación económica

El enfoque programático de las *Normas mínimas para la recuperación económica* se centra en estrategias e intervenciones diseñadas para mejorar los ingresos, el flujo de efectivo, la gestión de activos y el crecimiento entre hogares y empresas afectadas por la crisis. Éstas incluyen cuatro áreas técnicas distintas de programas: servicios financieros, activos productivos, empleo y desarrollo empresarial. Se enfatiza en promover el reinicio de la empresas y las estrategias de medio de vida y en mejorar la productividad del mercado y la gobernabilidad.

Las Normas que se presentan aquí no intentan cubrir el campo relacionado pero separado de auxilio humanitario integrado al mercado, el cual es la práctica de trabajar a través de los mercados para proporcionar auxilio humanitario y servicios básicos (p.ej. compra local de ayuda alimentaria o subvenciones de efectivo para comprar artículos básicos del hogar). Hasta cierto punto, el auxilio humanitario integrado al mercado y la recuperación económica pueden traslaparse en las medidas y las actividades que se emprenden. Sin embargo, los programas de auxilio humanitario integrado al mercado no necesariamente promueven la recuperación económica de base amplia. Adicionalmente, las intervenciones de recuperación económica tienen una población objetivo diferente. Mientras que el auxilio humanitario integrado al mercado tiene como objetivo todas las poblaciones afectadas por la crisis (quienes frecuentemente son las más vulnerables), la recuperación económica se concentra en los sistemas de mercado que tienen un impacto mayor en los ingresos y en el empleo, y que pueden alcanzar a un número extenso de las empresas y hogares objetivo.

Estas *Normas* tampoco abordan las intervenciones macroeconómicas para promover la recuperación económica, como la política fiscal y monetaria y las políticas e instituciones comerciales. Estas intervenciones están fuera del ámbito de la mayoría de agencias humanitarias internacionales y tienden a ser emprendidos por gobiernos y organizaciones bilaterales o multilaterales.

Público para las Normas mínimas para la recuperación económica

En entornos de crisis, una amplia gama de profesionales se involucran directa o indirectamente en estrategias para promover la recuperación económica.

Por lo tanto, estas *Normas* se desarrollaron teniendo en mente los siguientes tres grupos:

• Los profesionales con experiencia en situaciones humanitarias, pero que están menos familiarizados con las iniciativas de recuperación económica

• Los profesionales con experiencia en el desarrollo económico, pero que no están acostumbrados a entornos de crisis

• Los profesionales y los programas que trabajan en sectores múltiples en entornos de crisis (p. ej. salud, educación, infraestructura o VIH y SIDA)

Antecedentes y desarrollo de las Normas mínimas para la recuperación económica

Los orígenes de las *Normas mínimas para la recuperación económica* están arraigados en crisis pasadas, como el tsunami del Océano Índico y el terremoto de Haití en el 2010, y en la creciente prevalencia de emergencias complejas y prolongadas, como las de Etiopía y Afganistán. Estas crisis subrayan la necesidad de estrategias que 1) apoyen la estabilización o resurgimiento de las empresas como una fuente de ingresos y empleo para las poblaciones afectadas y 2) apoyen el desarrollo y fortalecimiento de instituciones para apoyar la estabilización y los mecanismos de adaptación de los hogares para superar estas crisis.

Las organizaciones miembros de La Red SEEP, como los profesionales en la comunidad más amplia de asistencia humanitaria, observaron la misma tendencia. Frecuentemente, se hacía demasiado poco y demasiado tarde para promover el resurgimiento del sector privado local en las respuestas de las ONG (organizaciones no gubernamentales. Los miembros de SEEP estaban frustrados debido a la pérdida de estas oportunidades y estaban preocupados de que la pobre implementación de las respuestas arriesgara el promover la dependencia entre las poblaciones afectadas. También estaban preocupados de que las poblaciones afectadas estuvieran eligiendo sus actividades económicas e inversiones sobre la base de la cantidad de apoyo humanitario disponible, en lugar de hacerlo sobre la base de las ganancias potenciales u otros beneficios que pudiera obtener la población afectada.

En respuesta a estas preocupaciones, durante los últimos seis años, La Red SEEP ha acogido los esfuerzos de los miembros para explorar los desafíos y las prácticas incipientes de la recuperación económica en los entornos de crisis. Los miembros repetidamente identificaron la necesidad de intervenciones más constantes y técnicamente sólidas, y de la documentación del conocimiento basado en el campo.

SEEP recibió fondos de la Agencia de los Estados Unidos para el Desarrollo Internacional (USAID) por medio del mecanismo FIELD-Support LWA (Líder con Asociados) para convocar una grupo de trabajo para desarrollar el primer borrador de las normas para la recuperación económica. En septiembre del 2007, SEEP fue la anfitriona de un taller en Washington, D.C., para lanzar el proceso de las Normas mínimas. Un amplio consorcio de profesionales provenientes de 30 agencias humanitarias internacionales discutieron temas clave en el campo y definieron juntos el enfoque técnico y la estructura del *Manual de normas mínimas para la recuperación económica*. Cada una de las seis secciones del Manual de normas mínimas para la recuperación económica fue desarrollada por un grupo de trabajo dirigido por profesionales que incluía una mezcla de experiencia en el auxilio humanitario y los entornos de desarrollo. El borrador producido por este grupo se compartió durante dos rondas de retroalimentación e insumos en el 2008; el resultado fue la primera edición del *Manual de normas mínimas para la recuperación económica,* publicado a principios del 2009.

Durante el 2009 y el 2010, SEEP organizó consultas regionales sobre las *Normas mínimas para la recuperación económica* en África Orienta, Latinoamérica, el Medio Oriente, Europa y el Sureste de Asia. Las múltiples ONG participantes, que incluían a ACDI/VOCA, AED, Catholic Relief Services y Mercy Corps, probaron las Normas con los proyectos de campo existentes en un grupo diverso de contextos afectados por la crisis. La primera edición de las Normas mínimas para la recuperación económica se ha descargado más de 5,500 veces y más de 400 personas han sido capacitadas para usarlas. En junio del 2010, SEEP reagrupó a muchos de los contribuyentes originales del *Manual de normas mínimas para la recuperación económica,* así como a nuevos miembros de ONG, instituciones académicas, donantes y organizaciones internacionales. El grupo revisó los insumos de las consultas regionales y de las pruebas de campo, y actualizó todas las Normas para reflejar los recientes avances en la industria. En total, más de 200 personas han contribuido o compartido su retroalimentación de alguna manera a las Normas mínimas para la recuperación económica. El resultado es la segunda edición de las *Normas mínimas para la recuperación económica*. Después de su publicación en el otoño del 2010, esta edición será presentada para consideración como un módulo de acompañamiento del *Manual Esfera*.

La Red SEEP, fundada en 1985 y con sede en Washington, D.C., es una asociación de más de 80 ONG internacionales que apoyan programas de desarrollo de la micro y pequeña empresa alrededor del mundo. La misión de SEEP es conectar a los profesionales de la microempresa en una comunidad de aprendizaje global. Como tal, SEEP reúne a los profesionales para producir soluciones prácticas e innovadoras a los desafíos clave de la industria; SEEP luego divulga estas soluciones por medio de eventos de aprendizaje, publicaciones y asistencia técnica.[6]

Marcos y secuencia del diseño de estrategias para la recuperación económica

Las *Normas mínimas para la recuperación económica* se basan en el entendimiento de que se necesita una gama de estrategias e intervenciones que aborden las diferentes necesidades y los diferentes períodos de tiempo en entornos de crisis. Sin embargo, en la práctica, los donantes y los profesionales frecuentemente pierden de vista el impacto que tienen las estrategias inmediatas y a corto plazo en la recuperación a largo plazo. Esto se debe a las presiones y a la rápida evolución del entorno, los ciclos de financiamiento y la limitada información disponible.

En entornos de crisis, las metas de corto plazo necesariamente se concentran en la estabilización de los hogares y la provisión de las necesidades básicas. Sin embargo, la filosofía de estas Normas establece que la programación inmediata posterior a la crisis puede, y, de hecho, debería, considerar las necesidades a largo plazo para la recuperación de los mercados y las instituciones. Esto requiere de un compromiso desde el inicio para considerar a las instituciones y los mercados locales de manera temprana en el proceso de recuperación, para no minar su recuperación a largo plazo. También requiere la consideración sobre cómo fortalecer estos mercados e instituciones para apresurar la transición. Los profesionales, donantes y gobiernos también están buscando cada vez más mitigar las crisis futuras o al menos prepararse mejor para ellas. Este concepto, ampliamente conocido como reducción del riesgo de desastres (RRD) o planeación de escenarios, está considerado en cada una de las *Normas mínimas para la recuperación económica*, con algunas directrices para las acciones mínimas que pueden emprenderse para promover la RRD.

En el pasado, los profesionales y los donantes han intentado identificar una secuencia correcta para la recuperación y las intervenciones de desarrollo en entornos de crisis. Desafortunadamente, los pasos para la recuperación económica no pueden simplificarse en una secuencia o incluso en una lista de intervenciones debido a la amplia gama de países y sistemas de medios de vida afectados por crisis. En su lugar, al seleccionar las estrategias apropiadas, las *Normas mínimas para la recuperación económica* instan a tomar en consideración varios factores, como los recursos económicos (p.ej. tierra, capital humano), la condición de las instituciones existentes, el tipo de crisis y sus causas raíz y efectos.

En la actualidad, no existe consenso sobre un marco definitivo para los programas de recuperación económica en entornos de crisis. Por lo tanto, las *Normas mínimas para la recuperación económica* no están basadas en ningún marco para la programación económica o de medios de vida. Es probable que siempre exista una variedad de marcos usados en estos programas, ya que los diferentes programas de desarrollo económico cuentan con una amplia gama de metodologías de evaluación, metas, poblaciones objetivo y medios disponibles. Para abordar este tema, las Normas esenciales ofrecen recomendaciones para estructurar las estrategias de los programas, las operaciones y la toma de decisiones en diferentes contextos de crisis y economías.

La Tabla 1 revisa la gama de factores determinantes e impactos de los diferentes tipos de crisis en los diferentes niveles de una economía. Este marco puede ser una herramienta de análisis para identificar las estrategias e intervenciones apropiadas, dependiendo de los impactos de la crisis y la economía y entorno en los cuales ocurrió.

Temas transversales, incluyendo el trabajo con grupos vulnerables

En el desarrollo de las *Normas mínimas para la recuperación económica*, se ha tenido cuidado de abordar varios temas importantes, incluyendo los niños, los ancianos y los discapacitados, el género y el ambiente. En lugar de discutir estos temas en una sección separada, están incorporados en los indicadores pertinentes, con énfasis en las Normas esenciales y las normas en materia de valoración y análisis, dado que estas normas actúan como el fundamento para el resto de normas en el *Manual de normas mínimas para la recuperación económica*. Estos temas fueron escogidos dada su relación con la vulnerabilidad y debido a que eran los temas que salían más frecuentemente en la retroalimentación proporcionada por los usuarios de las Normas Esfera en el campo.[8] Las vulnerabilidades específicas incluyen la capacidad de las personas para adaptarse y sobrevivir en un conflicto o desastre, y su riesgo de ser explotados durante la recuperación. Como con todas las personas, las personas vulnerables difieren en su capacidad de proteger sus activos y renovar sus medios de vida después de un desastre.[9] Según sea apropiado para la estrategia y la intervención emprendidas, deben identificarse los que corren mayor riesgo. Las *Normas mínimas para la recuperación económica* no pueden abordar todos estos temas transversales a profundidad, pero reconocen su importancia y proporcionan directrices prácticas acerca de cómo identificar las diferentes necesidades. También en algunos sectores, donde existe un consenso sobre las buenas prácticas mínimas, proporcionan indicadores y ejemplos sobre cómo pueden abordarse estos temas en contextos humanitarios.

Tabla 1   Impactos de las crisis en los niveles de hogar, mercado y macro[7]

Tipo de crisis*	Nivel de la economía			Factores de influencia para cada tipo de crisis
	Hogar/ Empresa	Mercado	Macro	
Desastres de evolución lenta	• Pérdida de activos • Pérdida de destrezas debido a la migración • Reducción de la productividad	• Redes comerciales débiles debido a la migración • Daño o pérdida de recursos naturales	• Reducción en la capacidad de aplicar las leyes y proveer servicios básicos en las áreas afectadas	**Nivel de desarrollo** Nivel de desarrollo Determina la capacidad de los hogares, empresas e instituciones afectadas para adaptarse la velocidad de la recuperación. (Países/regiones menos desarrolladas, de desarrollo medio o altamente desarrolladas) Normas e instituciones informales y formales
Desastres de evolución rápida	• Pérdida de activos • Mercados alterados • Trauma	• Infraestructura dañada o devastada		
Conflicto	• Pérdida de activos • Pérdida de destrezas debido a la migración y educación ineficaz • Inestabilidad o pérdida de redes • Mayores costos operativos que limitan el alcance al mercado • Trauma	• Infraestructura dañada o devastada • Redes legítimas afectadas; redes ilícitas fortalecidas	• Capacidad nacional reducida para aplicar las leyes y proveer servicios básicos	**Cohesión social y redes** (económicas, recursos naturales disponibles, estructura de tenencia de la tierra, estructura e instituciones políticas, industrias predominantes, p.ej. agricultura, servicios, etc.) **Nivel de severidad** Determina la profundidad del impacto a cada nivel. Limitado: Región limitada afectada con un bajo nivel de impacto. Moderado: Región limitada afectada con un alto nivel de destrucción o una gran región con un bajo nivel de impacto. Extremo: Área grande afectada con un alto nivel de destrucción.

Adaptado de Tim Nourse, Tracy Gerstle, Alex Snelgrove, David Rinck y Mary McVay, "Mercado Devvelopment en Entornos de Crisis: Lecciones Emergentes para el logro de Pro-Poor Reconstrucción Económica" (Washington, DC, la Red SEEP, 2007).
* Determina el impacto en cada nivel.

Desde una perspectiva de recuperación económica, el abordar eficazmente los choques económicos y el promover la recuperación temprana pueden requerir el establecer como objetivo a individuos que podrían no ser considerados vulnerables desde una perspectiva humanitaria. Por ejemplo, el ayudar a un hombre joven y sano cuyo trabajo es la única fuente de ingresos para una familia grande puede ser la estrategia más viable para ayudar a su familia a superar la crisis.[10]

El género es transversal a todos los demás temas que se identifican aquí. Las respuestas humanitarias son más eficaces cuando se basan en la comprensión de las diferentes necesidades, vulnerabilidades, intereses, capacidades y estrategias de adaptación de hombres y mujeres, y los diferentes impactos que las crisis tienen en ellos. "Es necesario el análisis de género para comprender estas diferencias, así como las inequidades en los papeles de mujeres y hombres y sus cargas de trabajo, su acceso a los recursos y el control de los mismos, su poder de toma de decisiones y sus oportunidades para el desarrollo de destrezas y para el involucramiento en los mercados. Los objetivos humanitarios o la proporcionalidad e imparcialidad significan que debe prestarse atención al logro de la justicia entre mujeres y hombres y al asegurar la equidad del resultado."[11]

"El ambiente se entiende como el entorno físico, químico y biológico en el cual las comunidades locales y afectadas por el desastre viven y desarrollan sus medios de vida. Proporciona los recursos naturales que sostienen a los individuos y determina la calidad del entorno en el que viven. Necesita protección, si se pretende mantener estas funciones esenciales. Las *Normas mínimas para la recuperación económica* reconocen que muchas actividades económicas arriesgan la sobreexplotación, polución y degradación de las condiciones ambientales"[12] Las Normas buscan evaluar estos riesgos y proponer acciones preventivas mínimas que permitan la recuperación económica sostenible.

Cómo usar las Normas para la recuperación económica

Cada una de las *Normas mínimas para la recuperación económica* abarca el ciclo de los programas desde la evaluación inicial de los mercados, empresas y hogares afectados, pasando por el desarrollo y la implementación de programas, hasta el monitoreo del impacto y la gestión del conocimiento. Se ofrece un conjunto de normas mínimas, acciones primordiales, indicadores principales y notas de orientación que guían la acción humanitaria y los esfuerzos de recuperación económica en entornos afectados por la crisis.

Como el *Manual Esfera*, en el cual se fundamenta, este documento no pretende ser un folleto de instrucciones paso a paso y, por lo tanto, no proporciona estrategias o recursos detallados para evaluar, diseñar e implementar programas de recuperación económica en el campo. Para los lectores que desean una orientación detallada, las organizaciones internacionales han producido varios manuales y juegos de herramientas que proporcionan consejo práctico en el campo de la recuperación económica para usarse en diversos entornos de crisis para los diferentes tipos de intervenciones.

Al final de cada *Norma mínima para la recuperación económica* encontrará una lista de recursos (apéndices) que ofrece mayor información en el área técnica específica.

Las *Normas* se presentan en seis categorías, pero hacemos énfasis en que debe leer las Normas esenciales y las Normas en materia de valoración y análisis antes de pasar a las otras cuatro normas más técnicas. Las normas descritas en estas dos secciones esenciales proporcionan el sistema global dentro del cual se enmarcan todas las *Normas mínimas para la recuperación económica.*

Cómo leer el
Manual de normas mínimas para la recuperación económica

Las *Normas mínimas para la recuperación económica* expresan el nivel mínimo de asistencia técnica y de otra índole que deberán proporcionarse al promover la recuperación de las economías y los medios de vida afectados por la crisis. Cada norma se presenta como sigue:

- "Las normas individuales son de naturaleza cualitativa y especifican los niveles mínimos que deben lograrse.

- "Las acciones clave son las actividades e insumos necesarios que necesitan tomarse en cuenta para cumplir con las normas mínimas.

- "Los indicadores clave son 'señales' que muestran si se ha logrado una norma mínima. Representan una manera de medir y comunicar los procesos y resultados de las acciones clave.

- "Las notas de orientación incluyen puntos específicos que deben considerarse al aplicar las normas mínimas, los indicadores clave y las acciones clave en diferentes situaciones. Brindan orientación para enfrentar dificultades prácticas, puntos de referencia o consejo sobre temas prioritarios. También pueden incluir temas críticos relacionados con las normas, los indicadores o las acciones y describir dilemas, controversias o brechas en el conocimiento actual."*

* Proyecto Esfera, (edición 2004), "Normas mínimas comunes a todos los sectores," en la *Carta Humanitaria y Normas mínimas para la respuesta humanitaria: Manual Esfera,* (Ginebra: Proyecto Esfera), 22.

Los programas de recuperación económica eficaces deben basarse en una clara comprensión del contexto. Además, en entornos volátiles, los programas de calidad necesitan mecanismos y recursos para monitorear las condiciones cambiantes y adaptar sus estrategias y actividades apropiadamente. La flexibilidad para brindar análisis e implementación de programas de alta calidad requiere de personal con conocimientos técnicos sólidos y de la voluntad y capacidad de asociarse con diversas organizaciones y actores del mercado, tanto locales como internacionales. También es críticamente importante tener una cultura y un sistema de aprendizaje y de compartir conocimientos dentro y entre todas las organizaciones involucradas en la respuesta.

Las Normas esenciales y las Normas en materia de valoración y análisis fundamentales brindan acciones, indicadores y orientación acerca de lo que se necesita para asegurar este nivel de respuesta. Los cuatro grupos de normas restantes abordan posteriormente las áreas técnicas específicas que los profesionales en la recuperación económica usan regularmente para fomentar los ingresos, el empleo y la gestión de recursos en el hogar entre las poblaciones afectadas.

Seis categorías de Normas mínimas para la recuperación económica

Normas esenciales para la recuperación económica

Las Normas esenciales son el punto de entrada para las demás normas técnicas. Establecen los requisitos mínimos para asegurar la calidad y la rendición de cuentas, proporcionando los procesos y procedimientos necesarios para realizar buenas prácticas. Cada conjunto subsiguiente de normas del Manual de normas mínimas para la recuperación económica supone el conocimiento y el uso de este capítulo.

Las Normas esenciales aquí se adaptan a las "normas comunes" del Manual Esfera para el contexto de la recuperación económica. Como ellas, las Normas esenciales están vinculadas de manera crítica a otras iniciativas clave de rendición de cuentas, promoviendo la consistencia y reforzando el compromiso compartido con la rendición de cuentas.[13] Las Normas esenciales aseguran que los programas cumplan con las responsabilidades esenciales de las actividades de recuperación económica. Estas normas mínimas son críticas para las intervenciones que apoyan las oportunidades para que las personas obtengan un ingreso por medio del empleo o la operación de un negocio, y para que reconstruyan sus vidas con dignidad.

Normas en materia de valoración y análisis

En esta segunda sección elemental, las normas se centran en los sistemas de mercado, las economías familiares y las limitaciones y oportunidades económicas más amplias, cuya evaluación cuidadosa es necesaria para la recuperación económica sostenible. Es necesario el análisis continuo y en marcha de la dinámica del mercado y su interrelación con un programa dado a lo largo de la duración de una intervención. Las normas en materia de valoración y análisis también abordan la importancia vital del continuo monitoreo, evaluación y divulgación de resultados de los programas.

Normas para los activos productivos

Esta sección se centra en las intervenciones usadas para proteger, reemplazar y aumentar los activos productivos que los hogares y las empresas han perdido durante las crisis, por medios que son complementarios a otras estrategias de recuperación económica usadas a mediano y largo plazo. Los activos productivos son los usados para generar ingresos y ganancias (contrarios a los artículos del hogar). Esta sección incluye normas sobre las intervenciones de activos para revivir los medios de vida preexistentes, hacer crecer y expandir los medios de vida nuevos y diversificados, y proteger los activos existentes.

Normas en materia de servicios financieros

Esta sección se centra en las intervenciones usadas para introducir o expandir los servicios financieros (incluyendo crédito, ahorro, remesas o seguros) a las empresas y hogares afectados, en coordinación con las intervenciones complementarias que incluyen la acumulación de activos. Los servicios financieros son críticos para crear y expandir las oportunidades económicas, mitigar riesgos y ayudar a las personas y hogares a suplir sus necesidades económicas y sociales. En entornos posteriores a la crisis, los servicios financieros son críticos para estimular y apoyar la recuperación económica, la reconstrucción y la reparación del bienestar de las personas y los hogares.

Normas para el empleo

Esta sección se centra en las intervenciones que preparan a las personas para trabajar o crear empleo, tanto a corto como a largo plazo, por medio de proyectos humanitarios.

Normas para el desarrollo empresarial

Esta sección se centra en el fomento de actividades económicas realizadas tanto por personas como por negocios, las cuales van desde el empleo por cuenta propia hasta las grandes operaciones comerciales, sean formales o informales. Esto puede incluir el apoyar a los negocios directamente, pero se refiere más ampliamente a las intervenciones que ayudan al sistema de mercado o a la cadena de valor completa a funcionar de manera más eficaz y de una manera que ayude a los beneficiarios objetivo.

Marco cronológico de las Normas mínimas para la recuperación económica

Las *Normas mínimas para la recuperación económica* son aplicables a una gama de entornos de crisis, desde la respuesta inicial en emergencias y la transición hacia la reconstrucción temprana, hasta el desarrollo a más largo plazo. Es importante destacar que estas *Normas* están diseñadas para promover estrategias e intervenciones que tomen en cuenta el largo plazo, es decir, la reconstrucción de mercados funcionales que puedan permanecer en el tiempo, más allá de la fase de recuperación hasta la fase no emergente.

Las acciones clave y los indicadores clave incluidos en este libro no son aplicables universalmente a toda situación o a todo usuario potencial. Cuando sea pertinente, las Notas de orientación sugieren marcos cronológicos ideales para la implementación de los indicadores. Sin embargo, frecuentemente será necesario que las agencias coordinen entre sí y con otras organizaciones de recuperación para lograrlos. En todos los contextos, las estrategias e intervenciones programáticas no deben menoscabar, sino apoyar o complementar, los servicios, mercados e instituciones locales existentes para promover la transición hacia la sostenibilidad a largo plazo.

Alcance y limitaciones

Inevitablemente, existe tensión entre la formulación de normas universales y la capacidad de aplicarlas en la práctica. Cada contexto es diferente. En algunas circunstancias, las condiciones locales pueden hacer que no todas las normas e indicadores puedan alcanzarse. Cuando este sea el caso, debe hacerse una descripción de la brecha entre las normas y los indicadores que se establecen aquí y el resultado real, incluyendo las razones para la diferencia y lo que necesita cambiarse.

Las *Normas mínimas para la recuperación económica* para las seis áreas técnicas no son individuales, son interdependientes. Con frecuencia, las normas descritas en una sección necesitan abordarse junto con normas descritas en otras secciones. Cuando sea apropiado, las Notas de orientación hacen una referencia cruzada a otras normas, acciones, indicadores y notas de orientación pertinentes.

Las *Normas mínimas para la recuperación económica* de La Red SEEP y la Carta Humanitaria y las *Normas mínimas de respuesta humanitaria en caso de desastres* del Proyecto Esfera no resolverán todos los problemas de las respuestas a entornos de crisis. Sin embargo, sí ofrecen herramientas para las agencias humanitarias, los gobiernos y las poblaciones locales para mejorar la eficacia y calidad de la asistencia económica que se ofrece, y así marcar una diferencia significativa en las vidas de las personas afectadas por la crisis.

Historia del Proyecto Esfera y su uso

La *Carta Humanitaria y las Normas mínimas de respuesta humanitaria en caso de desastres* del Proyecto Esfera, lanzados en 1997 por un grupo de ONG humanitarias y el movimiento de la Cruz Roja y la Media Luna Roja, explican lo que las personas afectadas por desastres tienen el derecho a esperar de la asistencia humanitaria. La *Carta Humanitaria* (también conocida como el *Manual Esfera*) es una afirmación para "lograr los niveles definidos de servicio para las personas afectadas por la calamidad o el conflicto armado, y para promover la observancia de los principios humanitarios fundamentales";[14] y está respaldada por las normas mínimas para los sectores principales de agua y saneamiento, seguridad alimentaria, nutrición y ayuda alimentaria, alojamiento y gestión de asentamientos, y servicios de salud.[15] En la actualidad, el *Manual Esfera* es visto en gran parte como la norma para la asistencia humanitaria en estos sectores, y muchas agencias humanitarias, donantes y gobiernos lo utilizan para orientar sus intervenciones y respuestas.

El *Manual Esfera* es un documento vivo administrado por el Proyecto Esfera y la Junta Esfera, la cual consiste de 16 agencias humanitarias internacionales. Fue elaborado con las contribuciones de miles de personas de más de 400 organizaciones que representan a 80 países. Su adopción y uso se fomentan regularmente por medio de eventos regionales en todo el mundo, así como por medio de otros recursos para fomentar la comprensión de las normas que establece.

Como complemento a las "normas comunes" presentadas en el *Manual Esfera*, se han desarrollado módulos paralelos actuales y futuros en otras áreas críticas para el auxilio humanitario y la recuperación en entornos de crisis, como la educación y la crianza de ganado. Esta segunda edición de las *Normas mínimas para la recuperación económica* de SEEP se ha desarrollado en coordinación con el Proyecto Esfera y se presentará al Proyecto Esfera para su consideración como un módulo complementario. Al coordinar el desarrollo y el formato de estas normas con el Proyecto Esfera, los autores de las Normas mínimas para la recuperación económica esperan que éstas puedan ser de fácil acceso para el mayor número posible de trabajadores y agencias humanitarias.

Remarques

1   Proyecto Esfera, (edición 2004), "Normas mínimas comunes a todos los sectores," en Carta Humanitaria y Normas mínimas para la respuesta humanitaria: Manual Esfera, (Ginebra: Proyecto Esfera), 22.

2   Adaptado de Ibíd., "Normas mínimas comunes a todos los sectores."

3   El *Manual Esfera* (edición 2004), "¿Qué es Esfera?" 5. "Esfera son tres cosas: un manual *[Carta Humanitaria y Normas mínimas en la respuesta humanitaria]*, un proceso amplio de colaboración, y la expresión de un compromiso hacia la calidad y la rendición de cuentas" (Ibíd.). El proyecto ha desarrollado varias herramientas, pero la principal es *El Manual Esfera.*

4   Stephen Lewarne y David Snelbecker, 2004, "Economic Governance in War-Torn Economies: Lessons Learned from the Marshall Plan to the Reconstruction of Iraq— Long Report," preparado para USAID Bureau for Policy and Program Coordination (Washington, DC: USAID); Paul Collier, Anke Hoeffler y Mans Söderbom, 2007, *Post-Conflict Risks* (Oxford: Centro para el Estudio de las Economías Africanas, Departamento de Economía, Universidad de Oxford).

5   Los ejemplos donde no se proporciona la fuente fueron proporcionados de manera anónima o son una recopilación de diversas experiencias de los profesionales del campo.

6   Para obtener mayor información acerca de SEEP, visite www.seepnetwork.org.

7   Adaptado de Tim Nourse, Tracy Gerstle, Alex Snelgrove, David Rinck y Mary McVay, *"Market Development in Crisis Environments: Emerging Lessons for Achieving Pro-Poor Economic Reconstruction"* (Washington, DC: The SEEP Network, 2007).

8   Esta lista no es exhaustiva y, en ciertos contextos, las personas también pueden volverse vulnerables por causa de su origen étnico o cultural, su afiliación política o religiosa, o el desplazamiento. Manual Esfera, (edición 2011).

9   *Manual Esfera,* (edición 2011).

10 Vea la Norma esencial 5: Estrategia bien definida para establecer objetivos y de intervención, para obtener orientación más específica.

11 Comité Permanente entre Organismos, *Manual sobre cuestiones de género en la acción humanitaria*, diciembre de 2006.

12 *Manual Esfera,* (edición 2011).

13 Vea la sección de Introducción en las Normas esenciales mínimas para todos los sectores, *Manual Esfera* (edición 2011).

14 *Manual Esfera* (edición 2004), *Carta Humanitaria,* 16.

15 Ibid.

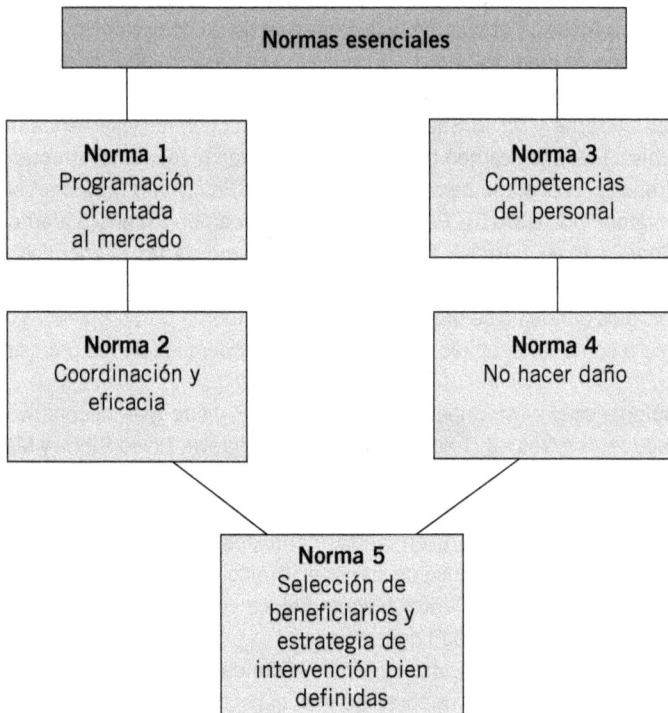

2

NORMAS ESENCIALES

Introducción e importancia de las Normas esenciales

Las actividades de recuperación económica se emprenden dentro de las economías. Hay muchas definiciones del término "economía", así como muchos puntos de vista sobre el mismo. Sin embargo, para propósitos de estas normas, la definición más útil es el sistema económico de un país u otra área geográfica compuesto por su mano de obra, capital, recursos naturales y sus actores económicos (personas, negocios y gobierno) que participan en la producción, distribución y consumo de bienes y servicios para el comercio. Una economía incluye factores externos, en otras palabras, aquellos efectos que no están directamente vinculados a la producción y consumo, y que afectan a los actores que no están involucrados en estas funciones (p.ej. la contaminación).

Dentro de cualquier economía, hay muchos sistemas de mercado que se encuentran en funcionamiento. Los sistemas de mercado funcionan a uno o más niveles: local, nacional, regional y global. Los mercados son un espacio físico o virtual donde las personas y los negocios compran y venden bienes y servicios. Los sistemas de mercado pueden ser formales e informales, y frecuentemente son una mezcla de ambos, donde participan las personas, hogares y las firmas pequeñas, medianas y grandes. Lo sistemas de mercado vinculan a todos estos actores en una cadena interconectada, con dinámicas de gobernabilidad y de poder que determinan las ganancias o pérdidas de los diferentes actores económicos.

Los mercados inevitablemente se ven afectados por la crisis, aunque no siempre de maneras predecibles. Las crisis pueden alterar el funcionamiento de actividades y relaciones específicas dentro de un mercado o hacer que los mercados colapsen completamente. Las señales de advertencia de la alteración del mercado incluyen aumentos rápidos en los precios, falta de artículos de primera necesidad, menos efectivo disponible y mayores fracasos de negocios. Los mercados y los negocios pueden verse afectados negativamente por el conflicto por medio de la falta de seguridad, el daño a la infraestructura y el aumento de inequidades sociales y de poder. Como resultado, las personas, los hogares y las firmas pueden verse forzados a involucrarse en acciones que minan su bienestar y viabilidad futura. Para los hogares, esto puede incluir comer menos, reducir el gasto en cuidado médico y otras cosas esenciales, y la venta de activos productivos, como el ganado. Los negocios pueden verse forzados a retrasar el mantenimiento y las inversiones, vender equipo y recortar personal. Es importante recordar que algunos mercados crecen durante y después de la crisis, y que algunos incluso prosperan en esta situación. (Para mayor información sobre la evaluación de las causas, síntomas e intervenciones potenciales de la alteración de los mercados, vea las Normas en materia de valoración y análisis.)

Las Normas esenciales descritas aquí emulan las normas comunes incluidas en el Manual Esfera, adaptadas para un contexto de recuperación económica. Las normas comunes del Manual Esfera están vinculadas intrincadamente con otras iniciativas clave de rendición de cuentas para promover la congruencia y reforzar el compromiso compartido en la rendición de cuentas.[1] Estas iniciativas incluyen las Normas en materia de rendición de cuentas sobre asistencia humanitaria y gestión de la calidad 2010 de la Asociación Internacional para la Rendición de Cuentas en el Ámbito Humanitario (HAP, por sus siglas en inglés), People in Aid, el Proyecto de Fortalecimiento de Capacidades de Emergencia, Groupe URD's Quality Compas y la Red para un aprendizaje activo sobre rendición de cuentas y resultados de la Acción Humanitaria (ALNAP, por sus siglas en inglés).

Las Normas esenciales descritas en este capítulo tienen la intención de asegurar que los programas cumplan con las responsabilidades esenciales de las actividades de recuperación económica y que las intervenciones apoyen las oportunidades para que las personas ganen un ingreso por medio de empleo por salario o por trabajo por cuenta propia y así reconstruyan sus vidas de acuerdo a sus propios términos.

Norma esencial 1: Programación orientada al mercado

Las decisiones sobre el diseño y la implementación de programas consideran las dinámicas económicas y del mercado.

Acciones clave

- Realizar o identificar análisis de mercado para desarrollar proyectos e intervenciones.

- Evaluar la eficacia potencial de los diferentes tipos de intervenciones en los diversos niveles de un mercado y con una variedad de partes interesadas.

- Establecer sistemas de monitoreo para recopilar y analizar información sobre el mercado y sobre el impacto del programa, la cual se incorporará al aprendizaje del proyecto para la mejora continua.

- Comunicar al personal, socios y miembros comunitarios la intención de las actividades económicas y a quiénes pueden servir. No todos los afectados por la crisis pueden beneficiarse de los programas de recuperación económica; algunos beneficiarios sencillamente necesitan asistencia humanitaria.

Indicadores clave

- Las intervenciones invierten únicamente en actividades que tienen como objetivo mercados viables (vea la Nota de orientación 1).

- Las intervenciones no alteran negativamente los mercados (vea la Nota de orientación 2).

- Las intervenciones evalúan las actividades en los diversos niveles de los mercados individuales. El personal debe discutir la justificación para la intervención escogida (vea la Nota de orientación 3).

- Las intervenciones tienen un sistema de monitoreo establecido para permitir el monitoreo regular y continuo de los cambios. Los programas se ajustan regularmente según las condiciones cambiantes del mercado (vea la Nota de orientación 4).

- Las intervenciones se centran en actividades económicamente viables (vea la Nota de orientación 5).

Notas de orientación

1. **Mercados viables:** La comprensión de los mercados en los que operan las empresas y los hogares es esencial para escoger las actividades programáticas apropiadas. Los programas de recuperación económica deben tener como objetivo las empresas y los hogares que operan en mercados que están en crecimiento, son estables o tienen una demanda que no se ha suplido para poder proporcionar oportunidades de empleo o un aumento en los ingresos para sostener los medios de vida. Los mercados que se están contrayendo o no son competitivos en última instancia no son viables. La asistencia que permite que las personas permanezcan en estos mercados minará sus medios de vida en el largo plazo. Adicionalmente, estos mercados tendrán menores incentivos

(señales) que motiven a los agricultores o a los propietarios de negocios a invertir, adoptar nuevas tecnologías o beneficiarse de las actividades programáticas. Esto limita la eficacia de los programas y reduce la meta final de proporcionar oportunidades viables de medios de vida en comunidades afectadas por la crisis.

Ejemplo de mala programación: Una agencia realiza una evaluación de medios de vida y encuentra que muchas personas están interesadas en la crianza de ganado como actividad económica. El programa proporciona a los beneficiarios vacas, ovejas y cabras con el plan de que los beneficiarios vendan las crías de los animales como forma de obtener ingresos. Sin embargo, la agencia no realizó una evaluación de mercado, por lo que no se dio cuenta de que la mayoría de hogares no tenía los recursos para cuidar a los animales, tal como acceso a fuentes confiables de forraje y servicios veterinarios. Como resultado, muchos hogares hallaron más conveniente vender los animales inmediatamente, sin ganar ningún valor de los mismos al engordarlos u ordeñarlos. Otros hogares perdieron sus animales debido a enfermedad.

2. **Alteración del mercado:** A pesar de tener las mejores intenciones, muchas intervenciones de emergencia o de desarrollo pueden crear alteraciones en el mercado. Las alteraciones en el mercado incluyen cualquier consecuencia no intencionada que afecte negativamente a un sistema de mercado, yendo desde fluctuaciones extremas en los precios hasta la destrucción física de un mercado. Es responsabilidad de quienes intervienen en situaciones de crisis asegurarse de que sus intervenciones no reemplacen los productos y los actores locales, ni que creen de otro modo alteraciones dañinas. Por supuesto, se promueven las intervenciones que crean efectos positivos que van mas allá de sus objetivos presuntos; sin embargo, debe tenerse precaución con cualquier actividad que tenga el potencial de alterar los mercados, sea en el plazo inmediato o a largo plazo. Las intervenciones que incluyen la compra local y apoyan a los negocios, la distribución, los subsidios y los vales locales, pueden diseñarse para mitigar el riesgo de alteración de los mercados.

   Una alteración particular del mercado que merece atención especial es la corrupción. Mientras que la corrupción existe en muchos mercados, no solamente en los mercados en situaciones de postcrisis, es importante que los programas estén conscientes de la misma y tomen medidas proactivas contra ella, en lugar de reforzarla o permitir su florecimiento. Esto puede ayudar a reducir el conflicto potencial.

Ejemplo de mala programación: Después del tsunami del Océano Índico, muchas organizaciones promovieron programas de efectivo por trabajo en un esfuerzo por inyectar efectivo a las economías y ayudar a los hogares a suplir sus necesidades básicas de medios de vida. De manera no intencionada, muchos de los programas de efectivo por trabajo proporcionaron salarios diarios que eran mucho mayores que los ganados por los agricultores locales a través de sus actividades agrícolas normales o por otros pequeños productores. Muchos hogares dejaron de dedicarse a la agricultura o a otra producción a pequeña escala para beneficiarse de los programas de efectivo por trabajo a corto plazo. No es necesario decir que esto creó un impacto negativo en la disponibilidad de alimentos locales y otros artículos producidos localmente, y tuvo potencialmente un impacto dañino a más largo plazo en la producción agrícola. Un análisis social y de mercado más profundo habría ayudado a identificar mejor a los trabajadores potenciales, recomendando salarios diarios que no quitaran el incentivo para continuar con la producción local, previniendo así dichos resultados negativos.

3. **Sistemas de mercado:** Las personas y los negocios en los sistemas de mercado son interdependientes. Por lo tanto, la recuperación económica debería considerar intervenciones integrales en puntos múltiples de todo un mercado, desde los proveedores de insumos, hasta los productores, los mercados finales y los formuladores de políticas. Los programas que operan a un solo nivel y no reconocen estas interconexiones, corren el riesgo de perder oportunidades y pueden crear alteraciones en el mercado. Las intervenciones pueden requerir una amplia gama de actividades, desde servicios financieros nuevos, hasta tecnología mejorada y la creación de vínculos con otros actores del mercado para tener el mayor impacto.

Ejemplo de programación receptiva a las normas: Los residentes de los campamentos para las personas desplazadas internamente en el norte de Uganda tienen experiencia previa en la producción de algodón, pero ya no tienen los recursos para comenzar a cultivar algodón nuevamente. Dunavant, la procesadora regional de algodón, tiene una brecha de suministro de algodón crudo y busca proveedores. En lugar de apoyar a estas personas desplazadas directamente por medio de la distribución de semillas de algodón, las organizaciones de recuperación trabajan con Dunavant para resolver barreras significativas a la producción de algodón en los campamentos, tales como la recolección de algodón dentro de la seguridad del campamento y el acceso a equipo para limpiar y arar la tierra. Al trabajar tanto con los beneficiarios como con la firma privada que comprará su producto, el proyecto puede crear oportunidades de medios de vida a largo plazo para muchos de estos desplazados, lo cual no hubiera sido posible solamente con la distribución de semillas.

Fuente: Joan Parker, 2008, "A Synthesis of Practical lessons from Value Chain Projects in Conflict-Affected Environments," AMAP microREPORT, no. 105 (Washington, DC: USAID).

4. **Respuesta a las condiciones del mercado:** Los mercados son dinámicos, particularmente en entornos de crisis, por lo que necesitan monitoreo continuo del sistema de mercado y de las empresas u hogares objetivo para identificar las oportunidades o limitaciones incipientes. El monitoreo regular ayudará a las intervenciones a determinar cómo ajustar mejor las inversiones para obtener el mayor impacto. Las estrategias eficaces pueden ir desde rastrear los cambios en la disponibilidad de los servicios y suministros que son críticos para los pequeños agricultores, hasta el monitoreo de precios locales y reuniones con los mayoristas regionales, y el rastreo más complicado de los precios y tendencias de las mercancías a nivel regional e internacional (Vea la Norma en materia de valoración y análisis 1).

Ejemplo de programación receptiva a las normas: Cardno Emerging Markets USA, Ltd. (anteriormente Emerging Markets Group) había decidido originalmente promover la entrada a la industria pesquera entre mujeres jóvenes en Kenia e inició una evaluación del mercado para prepararse para la implementación del programa. Sin embargo, durante la fase de evaluación, Cardno se dio cuenta que involucrar a las mujeres en el sector pesquero las hacía más vulnerables a la violencia basada en género y al acoso. Cardno cambió su estrategia y decidió promover industrias alternativas en su lugar.

Fuente: Beatrice Kinyanjui, Cardno Emerging Markets USA, Ltd.

5. **Enfoque en actividades económicamente viables:** Las actividades de recuperación económica deberían dirigirse a las actividades que tienen potencial de mercado más allá del período de asistencia. Frecuentemente, esto significa que la actividad económica debe ser emprendida por grupos o personas que sean capaces de sostener y expandir la actividad en el futuro. Si los grupos vulnerables no tienen la capacidad de sostener una actividad, recibirán un mejor servicio por medio de formas alternativas de asistencia, incluyendo transferencias de efectivo y otras intervenciones de red de seguridad social.

> *Ejemplo de mala programación:* Después de la guerra en Bosnia y Herzegovina, muchas organizaciones distribuyeron vacas de Suiza, las cuales eran el doble de caras pero producían significativamente más leche por vaca que las vacas de origen regional. Dentro de un año, el rendimiento por vaca se redujo dramáticamente al equivalente de las vacas locales. Después de cierta investigación, fue evidente que el conocimiento limitado acerca del cuidado apropiado de estos animales y la falta de veterinarios capacitados eran las raíces del problema.
>
> *Fuente:* Mayada El-Zoghbi, colaboradora con las *Normas mínimas para la recuperación económica*

Norma esencial 2: Coordinación y eficacia

La recuperación económica se planifica y se implementa en coordinación con las autoridades, agencias humanitarias y organizaciones de la sociedad civil pertinente, las cuales trabajan juntas para obtener máxima eficiencia, cobertura y eficacia, en sociedad con el sector privado para tener mayor efecto multiplicador e impacto.[17]

Acciones clave[2]

- Optar por participar en mecanismos pertinentes de coordinación sectorial desde el inicio (vea la Nota de orientación 1), en lugar de crear nuevos.

- Estar informado sobre las responsabilidades, objetivos y papel de coordinación de las autoridades gubernamentales y otros grupos pertinentes de coordinación, cuando existan (vea la Nota de orientación 2).

- Proporcionar información acerca del mandato, los objetivos y los programas de recuperación económica de la agencia a los órganos pertinentes de coordinación y las partes interesadas locales (vea la Nota de orientación 3).

- Proporcionar información acerca de los objetivos y el progreso del programa de manera regular para que los líderes de coordinación puedan establecer una división clara de trabajo y responsabilidad, medir hasta dónde las necesidades de recuperación económica se están supliendo colectivamente y reducir la duplicación o las brechas en la cobertura o la calidad.

- Colaborar con otras agencias de implementación para fortalecer la incidencia sobre asuntos críticos.

- Explicar las prácticas de la agencia con respecto a la coordinación y la asociación con el sector privado y otros actores en la respuesta (vea la Nota de orientación 4).

- Usar mecanismos de coordinación para emprender evaluaciones conjuntas, divulgar los hallazgos y otra información pertinente, y formular estrategias y programas de intervención.

- Usar mecanismos de coordinación para estimar el valor de las transferencias para asegurar que los mercados locales no sean alterados al suplir las necesidades de los beneficiarios.

Indicadores clave

- No hay duplicación de intervenciones y programas entre agencias en las mismas áreas geográficas o sectoriales (vea la Nota de orientación 1).

- Los programas intercambian regularmente informes de evaluación e información con los donantes, las agencias de implementación, los beneficiarios, otros actores humanitarios y el sector privado (vea las Notas de orientación 2, 3 y 4).[3]

- Los compromisos realizados en reuniones de coordinación se llevan a cabo y se reportan de manera oportuna.

- Las organizaciones, los programas y los proyectos que no pueden abordar las necesidades identificadas o son incapaces de cumplir con las Normas dan a conocer las brechas relacionadas con las necesidades de recuperación económica más amplias para que otros puedan ayudar (vea la Nota de orientación 5).

- La estrategia de respuesta refleja la capacidad y las estrategias de otras agencias humanitarias, organizaciones de la sociedad civil y autoridades pertinentes.

- Las transferencias de activos y las distribuciones se coordinan para que haya paridad entre las intervenciones de recuperación y estén en línea con la economía local (vea la Nota de orientación 6).

Notas de orientación

1. **Mecanismos de coordinación:** Las respuestas no coordinadas dan como resultado la duplicación, la ineficiencia y conflictos potenciales en las estrategias y las intervenciones de los proyectos. Esto es especialmente crítico en los programas de recuperación económica donde las diferentes estrategias e intervenciones de las organizaciones pueden debilitarse las unas a las otras si no se coordinan. Un ejemplo de esto es cuando las agencias de la misma área o ubicación geográfica proporcionan subvenciones y créditos al mismo grupo objetivo para los mismos propósitos, pero a diferentes tasas de interés y condiciones. La falta de coordinación puede cargar a las personas afectadas por el desastre y hacerlas sujeto de las mismas exigencias de información por parte de diferentes equipos de evaluación. La colaboración optimiza recursos: un esfuerzo coordinado por parte de las comunidades, los gobiernos anfitriones, los donantes y las agencias humanitarias que tienen diferentes mandatos y experiencia puede maximizar la cobertura y la calidad. La participación en evaluaciones interinstitucionales e iniciativas de aprendizaje oportunas y, cuando sea posible, el compartir recursos, equipo, información y planificación mejoran la eficacia, previsibilidad y rendición de cuentas de las respuestas.

2. **Papeles de coordinación:** Es el papel primordial y la responsabilidad del estado afectado el responder y coordinar las respuestas humanitarias de las organizaciones de ayuda. Las agencias humanitarias juegan un papel esencial al apoyarlos y respetar su función de coordinación. Sin embargo, en algunos contextos, las autoridades gubernamentales (y algunos grupos de la sociedad civil) pueden ser responsables ellos mismos de abuso y violaciones, o su asistencia puede no ser imparcial. En este contexto, una respuesta coordinada con partes beligerantes puede ser inapropiada. Cuando el estado está dispuesto, pero no tiene la capacidad, las agencias humanitarias deben asistirlo para que cumpla con sus responsabilidades. En estos contextos, el compartir información en todos los sectores, tan rápido como sea posible, permitirá a las agencias responder a las necesidades de la población afectada de manera más rápida y eficaz. Los foros comunes para que las ONG internacionales compartan tal información incluyen grupos liderados por las Naciones Unidas, tales como la Oficina para la Coordinación de Asuntos Humanitarios (OCHA, por sus siglas en inglés) y el Centro de Información Humanitaria (HIC, por sus siglas en inglés), y reuniones grupales para las emergencias declaradas por la ONU. Los mecanismos de coordinación

pueden incluir reuniones mensuales o trimestrales, una lista de difusión de correos electrónicos o un foro de ONG.

3. **Compartir información con los afectados por la crisis:** Pueden existir muchas tensiones en las situaciones de crisis y postcrisis. Deben realizarse esfuerzos para comunicarse de manera eficaz y abierta con todas las partes involucradas. Esto puede hacerse por medio de mecanismos transparentes, tales como reuniones comunitarias o comités locales. La información sobre los programas, las decisiones y las oportunidades y criterios de participación debe compartirse con todos los afectados por la crisis. El compartir información ayuda a reducir los malos entendidos, particularmente cuando el programa proporciona recursos solamente a un grupo o proporciona un servicio que es nuevo para la comunidad. Fortalece el apoyo local a la implementación del programa.

> *Ejemplo de programación receptiva a las normas:* Un programa de servicios financieros opera en una región conservadora de Afganistán donde los líderes religiosos son recelosos de las prácticas usureras. El programa desea establecer precios a sus productos de préstamo utilizando las tasas de interés estándar en todos sus productos de préstamo y ahorro. En este lugar conservador, el interés se compara con la usura, la cual no es aprobada por los líderes religiosos. Los coordinadores del programa se reúnen con el gobierno local y los líderes religiosos para discutir la intención del programa y obtener un fatwa, o edicto religioso, que permite al programa proceder sin ser percibido como usura y como algo que mina las prácticas religiosas de la comunidad.

4. **Divulgación de las prácticas al sector privado:** Las organizaciones que trabajan con el sector privado deben expresar sus políticas claramente a los beneficiarios y otras partes involucradas. Las necesidades de los afectados por la crisis son significativas y las partes involucradas puede que no comprendan o perciban cómo las asociaciones con el sector privado pueden abordar las necesidades de medios de vida de los más afectados por la crisis. La transparencia y la divulgación de las razones por las que las organizaciones se asocian con el sector privado y otros actores locales, incluyendo sus compromisos y ganancias potenciales, reducirán las falsas ideas de los diferentes papeles de los socios en el programa.

5. **Dar a conocer las brechas:** Cuando las brechas de recuperación económica se identifican y se comparten con otras agencias que están respondiendo, aquéllas que tienen la especialidad técnica requerida o

tienen exceso de capacidad pueden potencialmente colocarse en esa brecha. La información acerca de la ubicación del proyecto, el involucramiento de los socios locales y las necesidades emergentes debe compartirse de manera oportuna y comunicarse prontamente a los órganos de coordinación apropiados.

Ejemplo de programación receptiva a las normas: Una agencia de auxilio humanitario observa una mayor demanda de crédito y ahorro entre su población objetivo, pero la agencia no tiene la capacidad técnica para proporcionar estos servicios. En su lugar, deja que otras agencias del área conozcan estas necesidades y una organización que se especializa en servicios financieros puede suplir la demanda.

6. **Fijación de precios, establecimiento de sueldos y valuación de transferencias:** Para las intervenciones en las que se proporcionan activos a los beneficiarios y a los grupos objetivo (tales como efectivo por trabajo, distribución de equipo, subvenciones en efectivo, vales, etc.), el valor de la distribución debe basarse en un análisis de los precios de mercado actuales y de las necesidades del hogar. Estos valores deben coordinarse entre donantes y agencias que implementan para que no haya distorsiones en términos de los precios ni se saque del mercado a los proveedores existentes del sector privado. Deben seguirse principios equitativos al establecer los sueldos. El establecimiento de sueldos de efectivo por trabajo también debe tomar en consideración el mercado local de mano de obra para evitar la exacerbación de las disparidades económicas y sus consecuencias sociales, y para prevenir la "sustracción" de personal o atraer a los empleados de trabajo de menor paga pero más sostenible.

Ejemplo de programación receptiva a las normas: En Haití, después del terremoto, muchas organizaciones diseñaron programas de efectivo por trabajo. En lugar de establecer una paga por mano de obra cada una independientemente, las agencias trabajaron juntas para establecer una paga diaria por mano de obra que no fuera a atraer a los trabajadores de su empleo regular (trabajo asalariado o actividad por cuenta propia), mientras que suplían al mismo tiempo las necesidades básicas de medios de vida de quienes estaban más afectados por la crisis y tenían necesidad inmediata de asistencia en efectivo. Esto se ajustó posteriormente según fue necesario para áreas con diferentes pagas por mano de obra.

Norma esencial 3: Competencia del personal

Los programas cuentan con personal muy versado en los principios de recuperación económica o que tienen acceso a asistencia técnica. Los programas incluyen componentes de formación de capacidades para mejorar las destrezas del personal de campo.[19]

Acciones clave[4]

* Desarrollar sistemas de recursos humanos que permitan a la organización tener acceso a talento competente con experiencia pertinente para respuestas de recuperación económica.

* Invertir en sistemas y procesos, tales como una plataforma en línea para compartir conocimiento o retiros anuales cara a cara para compartir conocimiento que permitan al personal de campo aprender e intercambiar información, para que otras personas en la organización puedan aprender las lecciones sobre un entorno de crisis.

* Presupuestar recursos para la capacitación y el desarrollo profesional del personal.

* Desarrollar sistemas de evaluación y gestión del personal que fomenten la rendición de cuentas sobre los resultados entre el personal.

Indicadores clave

* El personal que trabaja en programas de recuperación económica cuenta con la preparación técnica pertinente; el conocimiento de las actividades económicas, las culturas y costumbres, y la dinámica de conflicto locales; o experiencia previa en recuperación económica (vea la Nota de orientación 1).

* Se proporciona al personal técnico y gerencial la capacitación, recursos y soporte técnico necesarios para cumplir con sus responsabilidades (vea la Nota de orientación 2).

* Los gerentes son responsables por lograr los objetivos del programa y cumplir con las directrices del *Manual Esfera*, y las directrices de recuperación económica de su agencia.

Notas de orientación

1. **Destrezas técnicas pertinentes:** Los gerentes de programa de los programas de recuperación económica deben tener experiencia previa en el diseño e implementación de programas de recuperación económica impulsados por el mercado en entornos rurales o urbanos. La experiencia técnica debe aumentarse con apoyo pertinente a corto plazo, cuando la experiencia no puede encontrarse localmente. En entornos de conflicto, los miembros del personal deben tener experiencia previa en el análisis y la gestión de esfuerzos que busquen mitigar y manejar el conflicto. Si esta experiencia no está disponible entre el personal a largo plazo, entonces debe traerse un especialista en conflictos en los puntos críticos del programa, especialmente durante la evaluación y el diseño del programa, y para el monitoreo periódico. Debe reclutarse personal nacional cuando existan capacidades locales. Idealmente, el personal nacional debe participar en los estudios de mercado, el diseño del programa y el monitoreo y la evaluación de las actividades del proyecto.

2. **Capacitación del personal y formación de capacidades:** El personal debe recibir capacitación básica en los métodos empleados por el programa de recuperación económica, así como capacitación introductoria general sobre los sectores seleccionados como beneficiarios. Las oportunidades de capacitación en el trabajo, ayuda de mentores y asistencia a talleres de desarrollo económico de mayor nivel deben estar disponibles para el personal del programa, para que el personal fortalezca su conjunto de destrezas gerenciales y de desarrollo de programas. Frecuentemente, el personal nacional estará en transición de proyectos de distribución o de socorro. La capacitación especializada debe reforzar la importancia de la sostenibilidad, el desarrollo de una estrategia de salida apropiada, pagos de honorarios por servicios y otras buenas prácticas de recuperación económica.

Norma esencial 4: No hacer daño

Las operaciones, productos y desechos de las intervenciones para la recuperación económica abordan o minimizan el daño potencial y no exacerban la disparidad económica.[20]

Acciones clave[5]

- Realizar un análisis de riesgo en términos de los daños potenciales, incluyendo los riesgos potencialmente mayores para las mujeres debido a su participación en las intervenciones de recuperación económica, observando cómo se abordarán o mitigarán los riesgos identificados.

- Implementar sistemas para minimizar la corrupción, como controles internos fuertes, para reducir el potencial de corrupción del personal; y sistemas de transparencia para reducir el potencial de corrupción con los socios y el gobierno.

Indicadores clave

- Los programas miran las cadenas de mercado y empresas seleccionadas a través del lente de "no hacer daño" para determinar los impactos amplios de la intervención a nivel social y ambiental (vea las Notas de orientación 1 y 2).

- Las intervenciones no promueven divisiones dentro de las comunidades objetivo y contribuyen a unir a las personas y a aliviar las tensiones.

- Los programas tienen un sistema implementado para asegurar que el personal, los socios seleccionados y las empresas objetivo no emprenden actividades de explotación (como la corrupción) (vea la Nota de orientación 3).

- Cuando sea posible, los programas buscan identificar soluciones y contribuir con los medios para asistir a las personas para que sean menos vulnerables a los desastres futuros por medio de la mitigación o disminución de los riesgos (vea la Nota de orientación 4).

Notas de orientación

1. **Lente de "no hacer daño":** La asistencia por medio de intervención en el mercado puede tener un impacto en la dinámica de poder en la sociedad afectada y puede dañar potencialmente las frágiles relaciones entre grupos discretos, incluyendo las relaciones entre hombres y mujeres. Una evaluación del mercado debe considerar esta dinámica para determinar cómo las actividades del programa pueden, como mucho, reducir el riesgo y al menos no aumentarlo. Al hacer un mapa de las relaciones de mercado y las dinámicas de poder, deben incluirse todos los actores (proveedores de insumos, productores, procesadores, comerciantes, mayoristas, minoristas). Debe recopilarse información acerca de las redes sociales en las cuales funcionan y sus papeles tradicionales. Los ejemplos de las preguntas que deben hacerse incluyen "quiénes son los comerciantes", "quiénes prestan el dinero tradicionalmente", "quién vende al detalle en el mercado", "cómo se determinan los precios" y "quién maneja tiendas de venta al por mayor". A medida que crezca el entendimiento, se revelará la dinámica de poder, así como qué grupos (hombres, mujeres, étnicos, religiosos, castas o grupos tribales) cumplen

con papeles específicos de manera tradicional o predominante en el sistema de mercado. Algunas veces, cuando un programa desea asistir a una población marginada, puede incluso poner en riesgo a los actores (o grupos) de mercado, si el orden social se ve alterado sin la contribución de la comunidad. La evaluación del mercado es una oportunidad para comprender qué redes sociales existen, quién está incluido o excluido, y por qué. Con esta información, las intervenciones pueden diseñarse para apoyar soluciones que sean aceptables dentro del mercado y las redes sociales, mientras que presionan ara obtener relaciones más equitativas y transparentes, y que promuevan las relaciones y vínculos existentes.

Ejemplo de programación receptiva a las normas: En un área rural en condiciones posteriores al desastre, una agencia identifica la necesidad de servicios financieros para agricultores pobres. Antes del desastre, los agricultores solamente tenían acceso al dinero por medio de prestamistas de un grupo étnico en particular, el cual tenía más poder en el área. La agencia selecciona y capacita a líderes de entre los agricultores pobres para que sean oficiales de préstamos. Los prestamistas anteriores, que ahora están desplazados de su medio de vida, empiezan a sabotear los cultivos de los agricultores pobres para que éstos no puedan pagar sus préstamos. Un buen análisis de mercado identificaría qué grupos son los productores, los comerciantes y los prestamistas. Podría ofrecerse a los prestamistas tradicionales un empleo formal como oficiales e préstamos para que pudieran continuar con su papel en el sistema de mercado.

2. **Sensibilidad al conflicto:** Las decisiones deben basarse en un análisis preciso y actualizado del conflicto que considere integralmente las causas raíz del conflicto, los perfiles de los grupos afectados por el conflicto y la dinámica entre las partes directa o indirectamente involucradas en el conflicto. Debido a que los entornos de conflicto son volátiles, debe monitorearse regularmente la situación y sus tendencias. Las acciones subsiguientes no deben promover las tensiones y divisiones; en su lugar, deben desarrollar y proteger los "conectores" de la sociedad, para que éstos no sean afectados. La sensibilidad al conflicto tiene que ver con estar conscientes del impacto de las actividades y los procesos de implementación en términos de aumentar o aliviar las tensiones ene los grupos.[6] lPara hacerlo, deben escucharse las voces de los más vulnerables y marginados; la toma de decisiones y el diseño del programa deben ser lo más participativos, inclusivos y transparente posibles; debe evitarse el énfasis excesivo en algunos grupos, mientras que la asistencia debe extenderse

progresivamente a la comunidad como un todo; debe abordarse el trauma psicológico para facilitar la reconciliación y erradicar el resentimiento; los mecanismos institucionales para el acceso oportuno y equitativo a la tierra y otros activos deben establecerse lo más temprano posible; y debe considerarse el impacto de las intervenciones a nivel regional y subregional.[7]

3. **Minimizar y mitigar los impactos negativos en el ambiente:** El desarrollo del mercado y el apoyo postcrisis a la actividad económica tienen el potencial de colocar exigencias excesivas en el ambiente, impidiendo el desarrollo y crecimiento económico, y ocasionando potencialmente inseguridad alimentaria para el futuro y otros riesgos de desastre. Las actividades de medios de vida y de generación de ingresos frecuentemente requieren recursos naturales, tales como insumos, por ejemplo, agua para la agricultura o juncos para canastas. Necesitan analizarse los pacos para el procesamiento de productos para determinar si se requiere de algún químico (otro insumo) y qué daño puede causar su uso y desecho en el ambiente. Además, quienes toman las decisiones y los diseñadores de programas deben considerar cuidadosamente el papel de la gestión de recursos naturales al contribuir al fomento de la paz o, por el contrario, al promover las tensiones y los conflictos. Algunos segmentos de la economía pueden ser mucho más sensibles que otros. La elección de las intervenciones debe basarse en los resultados de los análisis de los potenciales impactos ambientales negativos y las intervenciones deben incluir métodos para eliminar o minimizar los impactos negativos.

Ejemplo de prácticas receptivas a las normas: Una agencia identifica que no se ha suplido la demanda de hilo de seda en un contexto posterior al desastre. Los insumos para el hilo de seda son los capullos. Se necesita combustible para el fuego hiera los capullos para extraer los filamentos de seda, los cuales se tejen en el hilo. La demanda adicional de madera para el fuego comienza a crear escasez para la industria de gusanos de seda y los hogares locales. Como parte de la intervención, a los recolectores y vendedores de madera se les enseñan métodos conservacionistas y a replantar la maleza que se usó como leña. La agencia compromete recursos para hacer investigación sobre combustibles alternativos, para que el crecimiento de la industria de hilo de seda no se vea afectado por la falta de combustible para hervir las toneladas de capullos que se producen.

Fuente: Sarah Ward, colaboradora de las *Normas mínimas para la recuperación económica*

4. **Evaluar el potencial explotador de las personas:** Después de una crisis, sea natural u ocasionada por el hombre, frecuentemente hay una brecha en la gobernabilidad que brinda orden a la sociedad. Es muy fácil que las actividades ilícitas, incluyendo las peores formas de trabajo infantil, tráfico humano y explotación sexual de las mujeres, surjan sin ninguna consecuencia. Las agencias necesitan estar alertas al seleccionar socios del sector privado y deben cumplir con los códigos de trabajo. El ponerle freno a las actividades ilícitas requiere involucramiento con las comunidades locales y asociaciones con programas no económicos, agencias gubernamentales locales y agencias de donantes multilaterales (vea las Normas para la generación de empleo).

Ejemplo de programación receptiva a las normas: Una agencia identifica una oportunidad de mercado para alfombras hechas a mano en una región en condiciones de postcrisis. El proyecto necesita de fuentes de tinte natural, hilo, tejido, comercialización y exportación. Los hogares que producen alfombras ven un potencial de ganancias y sacan a sus hijos de la escuela para producir las alfombras. La agencia reconoce el problema desde el inicio y se asocia con el gobierno local, las escuelas locales y algunos donantes internacionales, los cuales proporcionan vales por alimentos a los niños por ir a la escuela. Esto les da a las familias un incentivo para mantener a sus hijos en la escuela. Los vales por alimentos reducen los gastos de los hogares, lo que permite a las familias contratar trabajadores externos para que los ayuden en la producción de alfombras.

Fuente: Rob Henning, colaborador de las *Normas mínimas para la recuperación económica.*

5. **Reducción del riesgo de desastres:** En áreas que son propensas a crisis frecuentes o recurrentes, el ayudar a las personas a desarrollar estrategias de medios de vida resistentes puede reducir el daño que sufran de un choque futuro. Esto puede incluir diversas actividades, por ejemplo:

- asegurar que los activos y las intervenciones proporcionadas resistan a choques futuros;

- brindar capacitación acerca de la diversificación de los ingresos, para que los hogares puedan depender de otras fuentes de ingresos si una crisis futura daña una fuente;

- realizar evaluaciones de mercado acerca de los bienes clave, el capital natural y los servicios en un área propensa a crisis;

- establecer mecanismos de ahorro de tiempo para proporcionar intervenciones de recuperación económica;

- establecer o reforzar redes de seguridad formales e informales;

- implementar iniciativas que protejan a los ecosistemas; o

- realizar proyectos, como el de efectivo por trabajo, que reconstruyan o protejan los activos comunitarios.

La reducción del riesgo de desastres y el ambiente están relacionados. En muchos casos, la causa raíz del riesgo de desastres es un ambiente degradado. El uso de la gestión ambiental para reducir el impacto de los desastres frecuentemente es menos costoso, más eficaz y más sostenible socialmente que las medidas estructurales más tradicionales. Sin embargo, cuando se utilizan actividades estructurales para la reducción de desastres, es esencial que las mismas aborden la sostenibilidad ambiental, para no aumentar el riesgo futuro y que las comunidades vecinas no se vean afectadas negativamente.

Es crítico que las intervenciones de recuperación económica tomen en consideración los métodos probables que las personas usan para enfrentar un choque futuro. La reducción de riesgo no debe colocarse por encima de la viabilidad económica como un criterio para la selección de programas.

Ejemplos de programación receptiva a las normas:

a) Después de un desplazamiento interno masivo en Pakistán en el 2009, se estableció un sistema para proveer subvenciones en efectivo de manera segura por medio de tarjetas de débito. Para la inundación de Pakistán del 2010, las agencias podían usar y expandir el mismo sistema, ahorrado tiempo y esfuerzo.

Fuente: Visa currencyofprogress.com, "Pakistan," http://www.currencyofprogress.com/#/ Pakistan.

b) En Haití, en el 2008, se evaluó el sistema de mercado para los frijoles porque los mismos eran tanto un artículo básico como una fuente de ingresos para muchos haitianos. Al ocurrir el terremoto del 2010, la evaluación del 2008 ahorró a quienes brindaron respuesta valioso tiempo y esfuerzo para comprender el sistema de mercado de línea base.

Fuente: Karri Goeldner Byrne y Laura Meissner, colaboradoras y analistas EMMA de las *Normas mínimas para la recuperación económica.*

Norma esencial 5: Selección de beneficiarios y estrategias de intervención bien definidas

La selección del mejor punto de intervención se basa en un análisis sólido del cliente y del mercado, y en la comprensión de los resultados económicos deseados. Esos resultados pueden lograrse por medio de una variedad de puntos de intervención y asociaciones, no solamente por medio de una intervención directa.

Acciones clave

• Evaluar las estrategias de intervención directas e indirectas para deter- minar las más eficaces.

• Evaluar los riesgos de las diferentes estrategias de intervención.

• Realizar una evaluación del mercado para conocer qué puntos en el sistema de mercado pueden ser los que necesiten más apoyo, y cuáles pueden tener el mayor impacto en la población objetivo y en los resul- tados deseados (vea las Normas en materia de valoración y análisis).

Indicadores clave

• El proceso de diseño del programa evalúa las estrategias de interven- ción directas e indirectas, según sea necesario para lograr los resultados deseados (vea la Nota de orientación 1).

• La evaluación y el análisis del mercado han identificado los impactos posibles y los riesgos asociados con los diferentes puntos de intervención para cualquier grupo dado (vea la Nota de orientación 2).

• La selección de beneficiarios del programa y las estrategias de selección incluyen la mitigación adecuada del riesgo y la consideración cuidadosa de los factores socioculturales y macropolíticos (vea la Nota de orientación 3).

• Todos los programas demuestran y justifican claramente el vínculo entre la intervención propuesta y los beneficios deseados para las poblaciones objetivo (vea la Nota de orientación (vea la Nota de orientación 4).

• Se desarrollan herramientas de monitoreo para rastrear el impacto en la población seleccionada.[8]

Notas de orientación

1. **Estrategias directas e indirectas:** Una buena evaluación del impacto de la crisis en los niveles de pobreza de la población objetivo, las empresas específicas en las que trabajan y las economías en las que se basan establecerá el contexto para identificar los medios más apropiados para lograr el impacto deseado en los beneficiarios propuestos. En algunos casos, los beneficiarios propuestos pueden obtener más por medio de intervenciones indirectas que por medio de un involucramiento directo. En otros casos, una intervención directa puede ser la estrategia más apropiada. Las organizaciones deben analizar el contexto y considerar cada situación sobre la base de los resultados esperados. La decisión sobre la estrategia de intervención se basará en los beneficios directos para los beneficiarios, así como en el potencial de alcanzar escala y sostenibilidad.

   La asistencia directa puede ser la mejor estrategia si las limitaciones que se identifican están claramente a nivel del hogar, en lugar de estar relacionadas al acceso más amplio a las finanzas y a los asuntos del mercado. Por ejemplo, si los beneficiarios propuestos tienen la capacidad y el deseo de aprender nuevas destrezas que pueden comercializarse, entonces la asistencia directa a los hogares puede ser una de las formas de abordar esta limitación.[9]

   Las intervenciones directas pueden ser más eficaces si el apoyo que se requiere es a largo plazo y no puede abordarse con una sola actividad. Por ejemplo, si los beneficiarios propuestos tienen actividades en el hogar que tienen el potencial de crecer, pero les falta financiamiento para crecer, el asociarse con un proveedor de servicios financieros puede ser el medio más eficaz para ampliar el acceso a las finanzas para los beneficiarios propuestos. De manera similar, si la limitación para el crecimiento de su negocio tiene qué ver con temas de acceso a mercados, las soluciones, tales como trabajar con una asociación o con los mayoristas para establecer canales de comercialización para sus productos, puede ser la intervención más eficaz.

   Puede que también sea necesaria una combinación de enfoques. En algunas circunstancias, el apoyo a los beneficiarios propuestos o las asociaciones pueden ser insuficientes para lograr el impacto deseado. Por lo tanto, es más probable que el complementar la asistencia directa con intervenciones de apoyo proporcione los resultados deseados.

Ejemplo de prácticas receptivas a las normas: Las mujeres de una industria pesquera en un área afectada por inundaciones estaban buscando reestablecer su negocio de secar pescado para el consumo local y regional. Antes del desastre, secaban el pescado sobre lonas que colocaban en el piso, lo que daba como resultado contaminación y alto contenido de humedad, y limitaba la venta del pescado seco a los mercados de bajo valor. Una firma local procesadora de pescado estaba interesada en comprar pescado seco localmente y tenía personal con experiencia en técnicas eficaces de bajo costo que podían aumentar el valor del pescado. Sin embargo, la firma no miraba a las mujeres como socias de negocio valiosas. Se proporcionó asistencia directa a las mujeres en planeación de negocios y formación de grupos, lo que les permitió relacionarse con la firma y tener acceso a su tecnología. Al mismo tiempo, se proporcionó asistencia a un banco local para que desarrollara productos de préstamo para operaciones pesqueras a pequeña escala (hombres y mujeres), lo que les dio acceso a trabajar con capital para aumentar la escala de sus negocios.

Fuente: Ingrid Ardjosoediro y David Neven, 2008, "Growth, Finance and the Triple Bottom Line in Kenya's Fisheries Value Chain," AMAP microNOTE, no. 50 (Washington, DC: USAID).

2. **Evaluación del mercado:** El comprender dónde colocar una intervención debe ir más allá de identificar las necesidades de los beneficiarios propuestos. Las herramientas de evaluación deben estudiar los hogares, los contextos económicos en los que se involucran y las diversas dinámicas del mercado que afectan a las cadenas de valor en el que operan.[10] Tales evaluaciones ayudan a identificar los tipos de impactos que pueden ser factibles con cualquier intervención dada y también ayudan a explicar los riesgos potenciales que pueden ocurrir como resultado de una intervención.[11] La actividad económica crea consecuencias ambientales. Éstas deben entenderse y mitigarse cuando sea posible.

Example of Standard-Responsive Practice: La producción de carbón es una estrategia de medios de vida "de emergencia" en muchos lugares, lo que lleva a la deforestación y la contaminación. Sin embargo, el desmotivar la actividad sencillamente por razones ambientales no aborda la verdadera necesidad económica de las familias que necesitan este ingreso. Deben sopesarse y equilibrarse tanto los beneficios económicos como el daño ambiental, y desarrollarse soluciones alternativas cuando sea posible.

Fuente: Jesse. C. Ribot, Center for Population and Development Studies, Universidad de Harvard, Theorizing Access: Forest profits along Senegal's charcoal commodity chain, 1997, http://pdf.wri.org/ref/ribot_98_theorizing.pdf.

3. **El análisis de riesgo considera a los actores involucrados:** El contexto local y la cultura juegan un papel significativo en la definición de cómo las diferentes personas interactúan en el mercado, basado en su género, religión, grupo étnico, edad, nivel social y una gama de otras características que las definen. Las estructuras de poder dentro de las familias y las sociedades crean diversas oportunidades y limitaciones en el acceso y las oportunidades que tiene una persona dentro del mercado. Debe comprenderse el impacto de estas estructuras y el proyecto debe responder de manera correspondiente tomando en cuenta los papeles asignados y promoviendo el acceso y las oportunidades para todos al buscar o reforzar el cambio incremental.

Ejemplo de prácticas receptivas a las normas: En muchos países, las mujeres representan los segmentos más pobres de la sociedad. Como tales, muchas organizaciones tienen estrategias de intervención que alcanzan directamente a las mujeres. Sin embargo, dentro de algunas culturas, los papeles de las mujeres están claramente demarcados y los cambios en sus papeles se consideran una amenaza a la sociedad en general. El proporcionar a las mujeres acceso a préstamos para que expandan su negocio, por ejemplo, puede ser percibido por sus esposos como una amenaza debido al cambio de la dinámica de poder en el hogar. En tales circunstancias, las organizaciones pueden decidir trabajar con los ancianos del pueblo, los esposos o los padres, quienes corren el riesgo de perder poder, para obtener su aprobación y demostrar los beneficios para el hogar y la sociedad en general para asegurar la aceptación. El decidir prestar servicio tanto a clientes femeninos como masculinos puede ser otra forma de abordar este riesgo potencial.

4. **Demostración del impacto:** Todas las intervenciones, sean directas o indirectas, deben explicar cómo se verá afectada la población objetivo y subrayar los supuestos clave. Esto puede ser particularmente importante con las estrategias de intervención indirecta para asegurar que la asistencia proporcione beneficios a los beneficiarios propuestos (vea las Normas en materia de valoración y análisis).

Ejemplo de prácticas receptivas a las normas: Un programa busca apoyar a productores aislados de bordados en las áreas rurales proporcionándoles asistencia de mercado para crear y capacitar a agentes de ventas en la capital regional. Los agentes de ventas aprenden cómo capacitar y gestionar a los productores, y acerca de diseños y materiales que tienen demanda. Luego, se les vincula a compradores en áreas urbanas. El programa establece sus supuestos clave: que los agentes de ventas proporcionarán información acerca de los diseños y materiales que tienen demanda a los productores y serán un vínculo vital hacia los compradores para los productores que de otro modo no tendrían acceso a las áreas urbanas. Los productores, a su vez, producirán artículos de mayor calidad y, por lo tanto, obtendrán un mayor precio. Como resultado, sus ingresos aumentarán. Los agentes de ventas estarán motivados para prestar este servicio porque también ganarán más por sus comisiones sobre ventas. El programa incluye un sistema de monitoreo antes, durante y después del proyecto para determinar a cuántos productores se alcanza, si sus ingresos aumentan y si el sistema es viable y continuará ampliándose al finalizar el proyecto.

Fuente: Adaptado de Alexandra O. Miehlbradt y Mary McVay, 2006, "Example 29, Stimulating Market Systems that Rely on and Support Small-Scale, Informal Intermediaries: MEDA and ECDI, Pakistan," en *Implementing Sustainable Private Sector Development, The 2006 BDS Reader,* ed. Jim Tanburn (Ginebra: OIT), 46.

Remarques

1 Vea la sección de Introducción en Normas esenciales mínimas para todos los sectores, *Manual Esfera* (edición 2011, próxima).

2 Para mayor información, vea el *Manual Esfera* (edición 2011, próxima) Norma esencial 2: Coordinación y colaboración.

3 Para mayor información, vea las Normas en materia de valoración y análisis.

4 Para mayor información, vea el *Manual Esfera* (edición 2011, próxima), "Norma esencial 6: Desempeño de los trabajadores humanitarios".

5 Para mayor información, vea el *Manual Esfera* (edición 2011, próxima), Norma esencial 1: Respuesta *humanitaria centrada* en las personas y los Principios de protección.

6 OIT, 2010, "Local Economic Recovery in Post-Conflict: Guidelines" (Ginebra: OIT), http://www.ilo.org/wcmsp5/groups/public/---ed_emp/documents/instructionalmaterial/ wcms_141270.pdf.

7 ONU, 2009, "United Nations Policy for Post-conflict Employment Creation, Income Generation, and Reintegration" (Ginebra: OIT y PNUD).

8 Para mayor información, vea las Normas en materia de valoración y análisis y sus Notas de orientación.

9 Para mayor información, vea las Normas de generación de empleo.

10 Vea en el Mapeo y análisis de mercados en situaciones de emergencia (EMMA, por sus siglas en inglés), un ejemplo de una herramienta de evaluación que combina tanto el análisis a nivel de hogar como el análisis de mercado para ayudar a identificar el mejor punto de intervención para suplir las necesidades de los beneficiarios propuestos (http://emma-toolkit.info/).

11 Para mayor información, vea las Normas en materia de valoración y análisis y sus Notas de orientación.

Apéndice a las Normas esenciales

Gerstle, Tracy y Laura Meissner. 2010. *Market Development in Conflict-Affected Environments.* Series on Peace Essentials for Economic Development Practitioners, Practice Note 1. Londres: International Alert.

Harvey, Paul y Jeremy Lind. 2005. *Dependency and Humanitarian Relief: A Critical Analysis.* HGP Report 19. Londres: Overseas Development Institute, Humanitarian Policy Group.

Comité Permanente entre Organismos. Mujeres, niñas, niños y hombres: Igualdad de oportunidades para necesidades diferentes. Manual sobre cuestiones de género en la acción humanitaria, Diciembre 2006, disponible en: http://www.unhcr.org/refworld/ docid/46978c842.html [último acceso el 23 de julio de 2010]

Maxwell, Daniel, Peter Walker, Cheyanne Church, Paul Harvey, Kevin Savage, Sarah Bailey, Roslyn Hees y Marie-Luise Ahlendorf. 2008. Preventing Corruption in Humanitarian Assistance: Final Research Report. Berlín: Transparency International.

Comisión de Mujeres para Mujeres y Niños Refugiados. 2009. Building Livelihoods: A Field Manual for Practitioners in Humanitarian Settings. Salt Lake City, UT, Estados Unidos: Comisión de Mujeres para Mujeres y Niños Refugiados. http://www.womensrefugeecommission.org/programs/livelihoods.

Fondo Mundial para la Naturaleza (WWF) y la Cruz Roja Americana. 2010. *Green Recovery and Reconstruction Toolkit: Rebuilding Stronger, Safer, Environmentally Sustainable Communities after Disasters.* http://www.world-wildlife.org/what/partners/ humanitarian/green-recovery-and-reconstruction-toolkit.html

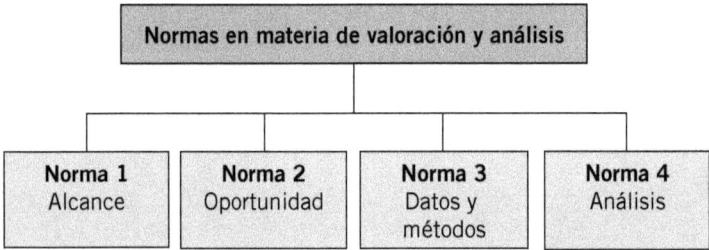

3

NORMAS EN MATERIA DE VALORACIÓN Y ANÁLISIS

La evaluación y el análisis de los sistemas de mercado, las economías familiares y las limitaciones y oportunidades económicas en general son una precondición para la implementación de la programación en materia de recuperación económica. Se necesita un análisis continuo y en marcha de las dinámicas del mercado durante la vida de una intervención para asegurar la pertinencia continuada y para identificar las oportunidades para aumentar la escala y las amenazas potenciales a la sostenibilidad. Las Normas en materia de valoración y análisis abordan la importancia vital del monitoreo continuo de los programas, la evaluación y la divulgación de resultados. Cada conjunto subsiguiente de normas en las *Normas para la recuperación económica* supone el uso y comprensión de este capítulo.

En esta sección, la "evaluación" se refiere generalmente a la investigación (tanto en persona como secundaria) realizada antes (y periódicamente durante) una intervención de recuperación económica en el mercado, el beneficiario y las condiciones a su alrededor. La "evaluación" generalmente se refiere a las determinaciones que se hacen posteriormente a la intervención relacionadas con el desempeño y los efectos del programa.

Norma en materia de valoración y análisis 1: Alcance

Las evaluaciones coordinadas sintetizan la información crítica, incluyendo la información sobre los medios de vida familiares afectados, los sistemas de mercado, la dinámica socioeconómica y del conflicto, y las consideraciones, tales como el género, la juventud y el ambiente.

Acciones clave

- Desarrollar un plan de evaluación previo al inicio de una evaluación, basado en las brechas identificadas de conocimiento necesarias para la toma eficaz de decisiones y la asignación de recursos.

- Hacer uso de las evaluaciones existentes y otras fuentes secundarias de datos antes de emprender una evaluación que podría duplicar y desperdiciar tiempo y recursos.

- Coordinar entre agencias y organizaciones para evaluar sectores, áreas técnicas y comunidades específicas para hacer el mejor uso de los recursos y las áreas de experiencia (vea la Nota de orientación 1).

- Definir el alcance de los requisitos de información basado en la consideración de que las evaluaciones son instrumentos para la toma de decisiones y no un fin en sí mismas.

- Diseñar evaluaciones que consideren cómo funcionaban los mercados, hogares y empresas afectadas antes de la crisis; qué impacto sufrieron los mercados debido a la crisis; y cómo responden los mercados continuamente después de la crisis.

- Colocar las estrategias de recuperación económica dentro del contexto más amplio de los sistemas de mercado, las tendencias económicas, las instituciones políticas y socioeconómicas y los entornos habilitantes.

Indicadores clave

- Se desarrolla un alcance del trabajo de evaluación claro antes de iniciar, con información sobre los factores pertinentes (vea la Nota de orientación 2).

- Se consultan las fuentes existentes de datos para evaluar la disponibilidad de la información deseada.

- Las evaluaciones proporcionan un panorama de cómo funcionaban los hogares, empresas y sistemas de mercado afectados antes de la crisis; qué impacto tuvo la crisis en ellos; y cómo se están adaptando en este momento.

- Las evaluaciones utilizan un enfoque sistemático. Colocan las estrategias de recuperación económica dentro de un contexto más amplio de sistemas de mercado, tendencias económicas e instituciones políticas y socioeconómicas (vea la Nota de orientación 2).

- Las evaluaciones son sensibles a las diferencias étnicas, de género y de riqueza dentro de las poblaciones. Miden las diferencias en las oportunidades económicas entre estos grupos e identifican importantes causas existentes o potenciales de conflicto o marginación.

Notas de orientación

1. **Coordinación en las evaluaciones:** Muy frecuentemente, varias agencias pueden usar la misma información. La coordinación puede ayudar a las agencias ya sea a trabajar juntas en áreas de interés mutuo o a enfocar sus esfuerzos de evaluación en sectores o áreas geográficas que no han sido cubiertas por otras agencias. El usar herramientas, tales como formularios de entrevista estandarizados o plantillas para informes, puede facilitar el análisis conjunto entre agencias o dentro de una agrupación.

Ejemplo de prácticas receptivas a las normas: Después del terremoto de Haití en el 2010, hubo gran necesidad de realizar evaluaciones de los bienes y servicios clave, pero las limitaciones de personal impedían que una sola agencia dedicara el tiempo necesario para hacerlo. Para responder a esto, 11 agencias, incluyendo el Comité Internacional de Rescate, ACDI/VOCA, Action Contre la Faim, la Cruz Roja Americana, la Cruz Roja Británica/CICR, FEWS/NET, la Cruz Roja Haitiana, Mercy Corps, Oxfam GB, Save the Children y el Programa Mundial de Alimentos/ONU se unieron para realizar esta tarea. El grupo completó cuatro evaluaciones rápidas del mercado en el área de Puerto Príncipe en tan sólo dos semanas, usando la herramienta de Mapeo y análisis del mercado en situaciones de emergencia (EMMA). Las evaluaciones adicionales que se realizaron en el sureste de Haití reunieron a analistas de diversas agencias y determinaron el alcance de su evaluación durante una reunión con 16 agencias.

Fuente: Comité Internacional de Rescate, 2010, "Multi-agency EMMA in Haiti, February 2010," http://emma-toolkit.info/?p=28

2. **Alcance del trabajo:** Los alcances del trabajo de las evaluaciones deben tomar en consideración: a) el mandato técnico y geográfico de la organización o proyecto que lleva a cabo la evaluación, b) el conocimiento del alcance técnico y geográfico de las evaluaciones existentes o planeadas por otras agencias u organizaciones y c) una comprensión de las necesidades de información de quienes toman decisiones.

3. **Mapeo de los hogares, empresas y sistemas de mercado afectados:** En el desarrollo del alcance de la evaluación, el enfoque debe ser dinámico, considerando cómo los mercados, hogares y empresas afectadas funcionaban antes de la crisis; qué impacto tuvo la crisis en ellos; y cómo se están adaptando en este momento.

A nivel de los hogares, las estrategias de medios de vida dependen de integrar eficazmente los activos y las destrezas, las relaciones sociales y las económicas, y el acceso tanto a mercados de consumo como de producción. Los hogares pueden tener diversas fuentes de ingresos, así como múltiples personas que contribuyen al ingreso familiar. Es importante comprender el equilibrio y las compensaciones entre ellos en relación con el conflicto, el ambiente y la dinámica de género.

De manera similar, el éxito de las empresas para superar el período de crisis depende de un conjunto de factores internos, tales como la capacidad humana y técnica y el capital, así como sus interacciones dentro de los sistemas de mercado mayores, incluyendo otras empresas, clientes, servicios financieros y no financieros, insumos, mercancías, infraestructuras y marcos regulatorios. Las evaluaciones deben reconocer esta complejidad e identificar y analizar las interdependencias que involucra.

Las estrategias económicas para los hogares y las empresas siempre deben estar incluidas en los contextos económicos, políticos e institucionales más amplios. El equipo de evaluación debe intentar incluir estos contextos en su evaluación o traer experiencia externa relacionada con los contextos políticos y culturales.

Esto es particularmente importante en entornos de conflicto, donde la programación necesita tener en cuenta la dinámica del conflicto, incluyendo los papeles de los diferentes actores y cómo se relaciona el conflicto con los mercados objetivo.

Otras consideraciones para el alcance incluyen:

- activos, destrezas y capacidad de las instituciones de mercado y las estructuras de apoyo;

- relaciones sociales y económicas clave y las dinámicas de poder, incluyendo el género;

- la gobernabilidad dentro de las industrias objetivo;

- las políticas pertinentes y los marcos regulatorios para las industrias y actividades económicas clave, incluyendo la tenencia de la tierra y derechos a la tierra donde sea pertinente;

- disponibilidad, acceso y estado de la infraestructura clave del mercado; y

- asuntos relacionados con la gestión y la conservación de los recursos naturales.

Norma en materia de valoración y análisis 2: Oportunidad

Las evaluaciones son tanto precondiciones para diseñar intervenciones de programas como herramientas críticas para informar regularmente a quienes toman decisiones para que puedan gestionar e implementar los programas.[27]

Acciones clave[1]

*   Considerar los factores económicos y ambientales al determinar el momento de la evaluación.

*   Considerar la necesidad de evaluar en etapas durante los procesos de diseño e implementación del proyecto, y de mantener la información recopilada actualizada y pertinente, y la recopilación de datos eficaz en función de los costos.

*   Fomentar la implementación rápida de las evaluaciones después de los desastres de evolución rápida para asegurar que las organizaciones de asistencia humanitaria y de programas de recuperación comprendan y respondan a las capacidades y necesidades de los beneficiarios y los mercados (vea la Nota de orientación 1).

*   A medida que cambian las condiciones del mercado, revisar y actualizar los análisis con datos o información adicional sobre las condiciones económicas o de medios de vida, y permitir cambios programáticos.

*   Programar entrevistas, observaciones o visitas a las localidades a diferentes horas del día para asegurar que todas las actividades económicas y las poblaciones que estén potencialmente ocultas sean incluidas durante la evaluación.

Indicadores clave

*   Todos los proyectos de recuperación económica cuentan con información proveniente de una evaluación.

*   Las evaluaciones se realizan en momentos apropiados, incorporando calendarios estacionales, seguridad, tendencias del mercado y laborales, y otros factores sociales y económicos, condiciones y tendencias pertinentes

*   Las evaluaciones incluyen una amplia gama de actores económicos, incluyendo mujeres, hombres y jóvenes; productores, comerciantes,

transportistas y consumidores; mercados locales, regionales y nacionales; y funciones de apoyo al mercado privadas y públicas.

- La evaluación y el análisis son continuos y están integrados a las operaciones del programa para permitir el monitoreo a medida que el entorno político y los mercados evolucionan (vea la Nota de orientación 2).

Notas de orientación

1. **Evaluaciones iniciales y rápidas:** Las evaluaciones iniciales o rápidas son métodos ágiles de reunir datos básicos acerca de cómo un desastre ha afectado la dinámica del mercado. Las evaluaciones iniciales y rápidas deben proporcionar información para establecer prioridades inmediatas de la respuesta y resaltar las áreas en las que se necesita mayor investigación. El EMMA (Mapeo y análisis del mercado en situaciones de emergencia) es un tipo de evaluación rápida que las organizaciones pueden decidir utilizar.

2. **Actualizaciones continuas de las evaluaciones:** Los entornos de conflicto y crisis son dinámicos. La recopilación y el análisis de datos necesitan realizarse continuamente para poder responder al entorno que cambia rápidamente. Esto se logra mejor con un monitoreo regular y sistemático que rastrear los productos, resultados y los factores críticos de los programas en el entorno externo, el cual está vinculado con los resultados exitosos y los impactos esperados. El revisar las evaluaciones puede identificar consecuencias no previstas de la programación y ayudar a las organizaciones a hacer ajustes para mitigar los impactos negativos en los beneficiarios.

Ejemplo de prácticas receptivas a las normas: La agricultura de secano en Burkina Faso y en la región Sahel siempre ha sido vulnerable a sequías prolongadas e inundaciones. La evaluación y el análisis oportunos del impacto de los desastres naturales en los sistemas de semillas y la seguridad de las semillas aseguran que el problema se identifique y diagnostique de manera precisa. La interpretación de esta información aumenta el conocimiento de los profesionales acerca de los sistemas de semillas y contribuye a una mejor calidad de las propuestas. Catholic Relief Services colaboró con el Centro Internacional de Agricultura Tropical en el desarrollo de una herramienta práctica de evaluación del sistema de semillas. Esta herramienta se ha utilizado tres veces en el mismo número de años en Burkina Faso.

La evaluación está guiada por un Marco de seguridad de semillas que estudia la disponibilidad, el acceso, la semilla y la calidad de la variedad. La evaluación busca determinar de qué canales de semillas dependen los agricultores en tiempos normales (p.ej. su propia semilla que guardan, las redes sociales, el mercado de granos/semillas, el sector comercial o proyectos gubernamentales y de las ONG) y la medida en la que la semilla está disponible después de un desastre. Si hay semilla disponible, entonces el problema es el acceso, el cual puede resolverse mejor por medio de la distribución de vales a los agricultores en lugar de la distribución directa de semillas. De esta manera, se refuerzan los mercados locales y se respeta la elección de los agricultores.

La herramienta se ha usado para responder a una inundación en el 2007, a la crisis de precios de los alimentos en el 2008 y para capacitar a profesionales del Ministerio de Agricultura y de las ONG. Las lecciones aprendidas en estas evaluaciones consecutivas dieron como resultado la implementación exitosa de una serie de vales y ferias de semillas, y un proyecto continua para fortalecer el almacenamiento y manejo de las semillas de arroz y frijol de costa, y ha fortalecido la capacidad de los profesionales expertos en semillas del gobierno y las ONG.

Fuente: Para mayor información, vea Louise Sperling, 2008, "Cuando el Desastre Azota: Manual para Evaluar la Seguridad del Sistema de Semillas," Publicación de CIAT, 363 (Cali, Colombia: Centro Internacional de Agricultura Tropical), (http://crsprogramquality.org/pubs/agenv/When_Disaster_Strikes.pdf).

La evaluación está guiada por un Marco de seguridad de semillas que estudia la disponibilidad, el acceso, la semilla y la calidad de la variedad. La evaluación busca determinar de qué canales de semillas dependen los agricultores en tiempos normales (p.ej. su propia semilla que guardan, las redes sociales, el mercado de granos/semillas, el sector comercial o proyectos gubernamentales y de las ONG) y la medida en la que la semilla está disponible después de un desastre. Si hay semilla disponible, entonces el problema es el acceso, el cual puede resolverse mejor por medio de la distribución de vales a los agricultores en lugar de la distribución directa de semillas. De esta manera, se refuerzan los mercados locales y se respeta la elección de los agricultores.

La herramienta se ha usado para responder a una inundación en el 2007, a la crisis de precios de los alimentos en el 2008 y para capacitar a profesionales del Ministerio de Agricultura y de las ONG. Las lecciones aprendidas en estas evaluaciones consecutivas dieron como resultado la implementación exitosa de una serie de vales y ferias de semillas, y un proyecto continua para fortalecer el almacenamiento y manejo de las semillas de arroz y frijol de costa, y ha fortalecido la capacidad de los profesionales expertos en semillas del gobierno y las ONG.

Fuente: Para mayor información, vea Louise Sperling, 2008, "Cuando el Desastre Azota: Manual para Evaluar la Seguridad del Sistema de Semillas," Publicación de CIAT, 363 (Cali, Colombia: Centro Internacional de Agricultura Tropical), (http://crsprogramquality.org/pubs/agenv/When_Disaster_Strikes.pdf).

Norma en materia de valoración y análisis 3: Datos y métodos

Los datos de evaluación se recopilan usando métodos objetivos, inclusivos y éticos que aseguran la calidad y la utilidad de los datos, y la seguridad de los participantes.[28]

Acciones clave[2]

* Asegurar que la composición del equipo de evaluación refleje el género, edad y composición étnica de las comunidades que participan en la evaluación.

* Elegir métodos que son sencillos, concisos y capaces de generar información desglosada por género y edad en los niveles de impacto y resultado.

- Asegurar que el enfoque metodológico promueva la objetividad y salvaguarde la confidencialidad de los participantes.

- Aplicar métodos que, aunque sean sensibles culturalmente, promuevan y faciliten la participación de los grupos marginados, incluyendo los que no tienen el derecho de hablar públicamente.

- Revisar la información existente, incluyendo los datos y estudios de escritorio previos a la crisis, para evitar la duplicación.

- Considerar y mitigar la fatiga potencial de evaluación de los beneficiarios que han sido evaluados repetidas veces y están traumatizados.[3] (vea las Notas de orientación 1 y 3).

- No crear expectativas que no pueden cumplirse.

Indicadores clave

- Las fuentes de los datos son variadas, precisas y de alta calidad, y el proceso de recopilación de datos es colaborativo y participativo cuando sea posible (vea la Nota de orientación 1).

- Los métodos usados para recopilar datos son sensibles a los sesgos de los informantes y los grupos de interés, mientras que toman en cuenta el potencial de agravar el conflicto (vea la Nota de orientación 2).

- Los métodos usados no ponen en riesgo la seguridad de quienes realizan la encuesta ni de los encuestados (vea la Nota de orientación 3).

Notas de orientación

1. **Fuentes de información:** Las evaluaciones deben revisar primero las investigaciones y la información existentes sobre los medios de vida y las actividades económicas antes del conflicto. Deben depender de las fuentes locales y los actores locales, como los jefes de familia, tenderos y comerciantes, así como fuentes macroeconómicas, políticas e internacionales. Los métodos de información deben ser lo suficientemente sensibles como para identificar las fuentes ocultas de información, tales como grupos marginados o actividades económicas informales o del mercado negro. Las evaluaciones deben triangular los datos por medio de fuentes múltiples, incluyendo las evaluaciones de otras organizaciones y, cuando sea posible, usar tanto fuentes de datos primarias como secundarias. Sin embargo, en situaciones de alto riesgo o en peligros de evolución rápida, los programas pueden no ser capaces de involucrarse en un proceso plenamente colaborativo o tener acceso completo a datos primarios.

2. **Sesgos y grupos de interés:** La evaluación debe ser sensible a los diferentes grupos de interés y al sesgo entre los informantes. Los investigadores deben usar preguntas que no sugieren la respuesta y validar con fuentes diversas para determinar si los datos son exactos.

3. **Seguridad de los asesores y de los informantes:** La ubicación o el momento de realización de una entrevista de evaluación puede constituir un riesgo ya sea para el equipo de evaluación o para los que se están encuestando. El equipo de evaluación debe considerar la costumbre local y la seguridad física de las ubicaciones de las entrevistas al determinar los lugares y horas apropiadas para realizar las entrevistas. En ningún momento la entrevista de evaluación debe poner al entrevistador o al entrevistado en riesgo indebido de daño físico o psicológico (p.ej. revivir el trauma). Debe obtenerse un consentimiento por escrito cuando sea posible.

Norma en materia de valoración y análisis 4: Análisis

El análisis de los datos y de la información es oportuno, transparente y objetivo. Los análisis brindan información a las decisiones de programación y a otras acciones y facilitan la recuperación económica.[30]

Acciones clave[4]

• Ser oportuno, objetivo y transparente en el análisis de datos (vea la Nota de orientación 1).

• Validar los resultados de la valoración y la evaluación con los beneficiarios y las partes involucradas, así como con los especialistas del sector.

Indicadores clave

• Los datos de valoración y análisis proveen información al modelo y el diseño del programa.

• Los datos de monitoreo y evaluación se recopilan y analizan regularmente (vea la Nota de orientación 2).

• Los programas que usan datos de monitoreo y evaluación para comprobar los supuestos clave, verifican los impactos esperados y hacen revisiones según sea necesario (vea la Nota de orientación 2).

Notas de orientación

1. **Análisis transparente:** Dentro del campo de la recuperación económica, los profesionales pueden usar cualquier número de marcos analíticos.

Los investigadores deben explicar claramente los supuestos y enfoques metodológicos aplicados para proporcionar al usuario final una base para evaluar la validez de los resultados.

2. **Monitoreo y evaluación:** El monitoreo y la evaluación del programa debe rastrear tanto las actividades como los productos del programa, así como verificar continuamente los supuestos sobre los cuales se basan las actividades del programa y los impactos esperados, manteniendo un vínculo claro y documentado entre las actividades del programa y el impacto deseado. Esto mantiene al programa receptivo a las condiciones cambiantes para que, si es necesario, puedan ajustarse sus actividades, progreso e indicadores de desempeño.

Ejemplo de prácticas receptivas a las normas: Un programa está llevando a cabo un proyecto después de una crisis el cual tiene como propósito aumentar los ingresos de las mujeres por medio de créditos para comprar cabras. El objetivo es que las mujeres paguen el préstamo en dos años, con el impacto anticipado de que duplicarán su ingreso de línea base en tres años. El programa claramente identifica sus supuestos clave y los indicadores que necesitará rastrear en las diferentes fases del programa.

Los supuestos subyacentes son los siguientes: 1) los precios de las cabras se mantendrán estables o crecerán en los siguientes tres años; 2) hay suficiente pasto disponible para las cabras; 3) las mujeres tendrán acceso y podrán pagar el cuidado veterinario para sus animales; y 4) las mujeres no se verán forzadas a vender las cabras anticipadamente para comprar alimentos.

Por lo tanto, es importante establecer un sistema de monitoreo que rastree estos factores durante todo el programa, tales como la disponibilidad y el acceso a pastizales; acceso y capacidad de pago de los servicios veterinarios; y seguridad alimentaria familiar. En los últimos dos años del programa, cuando las mujeres comiencen a vender sus cabras, es importante monitorear los precios del ganado para saber cuánto dinero están recibiendo en promedio por la crianza de sus cabras.

Fuente: Tanya Boudreau, colaboradora de las *Normas mínimas para la recuperación económica.*

Norma en materia de valoración y análisis 5: Divulgación y formatos

Los resultados de la valoración se divulgan para proporcionar orientación apropiada a quienes toman las decisiones.[31]

Acciones clave[5]

- Identificar al público interno y externo.

- Asegurar que los datos de valoración y análisis se compilen rápidamente en informes, resúmenes y presentaciones.

- Desarrollar un formato para presentar los hallazgos, conclusiones o resultados que son los más pertinentes y accesibles para el público.

- Traducir los resultados de la valoración al (los) idioma(s) pertinente(s) para expandir el público para quienes estarán disponibles y serán comprensibles los resultados.

Indicadores clave

- Los resultados de la valoración se publican y rápidamente se ponen a disposición de las partes involucradas pertinentes, para maximizar su influencia en los procesos de toma de decisiones, tomando en consideración cualquier sensibilidad que pueda existir (vea la Nota de orientación 1).

- Los resultados de la valoración se comunican en un lenguaje y en un formato que es claro y apropiado para el público respectivo (vea la Nota de orientación 2).

Notas de orientación

1. **Divulgación:** La divulgación de los resultados de las valoraciones motiva la colaboración necesaria en la programación en materia de recuperación económica. El involucrar a quienes toman las decisiones, los socios colaboradores y las autoridades locales durante el proceso de valoración trae los resultados de la valoración a la atención de todos tan pronto como se generen, y motiva a la confianza y a la cooperación. Cuando una valoración indica que se necesita acción, esto puede lograrse de manera eficaz por medio de una presentación conjunta a quienes toman las decisiones clave (donantes, ONG, gobierno), lo que crea impulso y un sentido de responsabilidad y propiedad conjunta.[6] Los resultados de

las valoraciones y las decisiones que se toman deben comunicarse claramente a los sectores afectados.

2. **Formatos apropiados:** Los resultados de las valoraciones deben suplir las necesidades específicas y los niveles de comprensión de los diferentes miembros del público. Quienes toman las decisiones en una crisis frecuentemente tienen horarios ocupados y limitaciones severas de tiempo. El tipo y la extensión del producto informativo y el nivel de detalles técnicos deben adaptarse a los requisitos del usuario. Por ejemplo, los gerentes superiores del programa pueden requerir un informe de una o dos páginas, los socios colaboradores pueden desear una presentación y un informe técnico más largo sería apropiado para los especialistas en monitoreo y evaluación. Sería apropiada una reunión con los miembros de la comunidad o con una asociación de productores para compartir los resultados de la valoración con los informantes y las personas afectadas. Las valoraciones y hallazgos particularmente largos o amplios pueden divulgarse en más de un formato. Los mapas y las gráficas pueden ser muy eficaces para representar información como la distribución de los activos físicos, los recursos naturales, la ubicación de las personas y los movimientos, así como otros tipos de fenómenos (p.ej. el impacto de un desastre en todo un territorio).

Remarques

1 Para mayor información, vea el Manual Esfera (edición 2011), Norma esencial 1: Respuesta humanitaria centrada en las personas, 3: Evaluación y 4: Análisis y diseño.

2 Para mayor información, vea el *Manual Esfera* (edición 2011), Norma esencial 3: Evaluación.

3 Para mayor información, vea el *Manual Esfera* (edición 2011), Principio de protección 4: Protección de la dignidad humana.

4 Para mayor información, vea el *Manual Esfera* (edición 2011), Norma esencial 3: Evaluación y 5: Desempeño, transparencia y aprendizaje.

5 Para mayor información, vea el *Manual Esfera* (edición 2011), Norma esencial 2: Coordinación y colaboración

6 Para mayor información sobre la colaboración, vea la Norma esencial 2.

7 Para más ideas, vea microLINKS.org, "Interactive Inventory of Economic Recovery Tools," en "Microenterprise Development and Conflict," http://www.microlinks.org/ev_en.php?ID=22380_201&ID2=DO_TOPIC; and Mayada El-Zoghbi,and Monica Matts, "Tools for Economic Recovery: A Brief Literature Review," AMAP microNOTE, no. 34 (Washington, DC: USAID), http://www.microlinks.org/ev_en.php?ID=18908_201&ID2=DO_TOPIC.

Apéndice a las Normas en materia de valoración y análisis

Esta es una lista ilustrativa (no exhaustiva). No tiene el propósito de apoyar una sola herramienta o metodología de valoración.[7]

Albu, Mike. 2010. *Emergency Market Mapping and Analysis Toolkit*. Practical Action Publishing.

Catley, Andrew, John Burns, Davit Abebe y Omeno Suji. *Participatory Impact Assessment Guide*. Medford, MA, EUA: Feinstein International Center, Tufts University. https://wikis.uit.tufts.edu/confluence/display/FIC/Participatory+Impact+Assessment

Conflictsensitivity.org. http://www.conflictsensitivity.org/

De Luca, L. 2003. *Business and Decent Work in Conflict Zones: A "Why?" and "How?" Guide*. Ginebra: Organización Internacional de Trabajo. http://www.ilo.org/employment/Whatwedo/Publications/lang--en/docName--WCMS_116628/index.htm.

Proyecto de Fortalecimiento de Capacidades en Situaciones de Emergencia. 2007. *Good Enough Guide: Impact Assessment and Accountability in Emergencies*. Oxford: Oxfam GB. http://www. ecbproject.org/pool/good-enough-guide.pdf

FEG Consulting y Save the Children UK. 2008. *The Practitioner's Guide to HEA (Household Economy Approach)*. Johannesburg, Sudáfrica: FEG Consulting y Save the Children UK, Regional Hunger and Vulnerability Program. http://feg-consulting.com/resource/practitioners-guide-to-hea/practitioners-guide-to-hea.

FEWER, International Alert y Saferworld. 2002. *Conflict-Sensitive Approaches to Development, Humanitarian Assistance, and Peace Building: Tools for Peace and Conflict Impact Assistance*. Vol, 1, edición 1. http://www.conflictsensitivity. org/resource_pack.html

Documento de referencia que incluye una lista de las herramientas existentes para el análisis del conflicto.

International Alert. 2005. *Conflict-Sensitive Business Practice: Guidance for Extrac tive Industries*. Londres: International Alert. http://www.iisd.org/pdf/2005/ security_conflict_sensitive_business.pdf

Un análisis paso a paso y guía de implementación para las inversiones en negocios.

Organización Internacional del Trabajo. *Crisis Response: Rapid Needs Assessment Manual*. Ginebra: OIT.

————. 2010. *Local Economic Recovery in Post-conflict: Guidelines.* Ginebra: OIT. 2002.

Organización Internacional del Trabajo y la Organización de las Naciones Unidas para la Alimentación y la Agricultura. 2009.

The Livelihood Assessment Toolkit: Analysing and Responding to the Impact of Disasters on the Livelihoods of People. Ginebra: OIT.

OCDE (Organización para la Cooperación y el Desarrollo Económico). 2008. Guidance on Evaluating Conflict Prevention and Peace-Building Activities. Working draft for application period. París: OCDE. http://www.oecd.org/ secure/ pdfD ocument/0,2834,fr_21571361_21570391_39774574_1_1_1_1,00. pdf

Sperling, Louise. 2008. *Cuando el Desastre Azota: Manual para Evaluar la Seguridad del Sistema de Semillas.* Cali, Colombia: Centro Internacional de Agricultura Tropical. http:// webapp.ciat.cgiar.org/africa/pdf/sssa_manual_ ciat.pdf

Departamento para el Desarrollo Internacional del Reino Unido. 2008. *Conducting Conflict Assessments: Guidance Notes.* Londres: Reino Unido, DFID. http://www.dfid.gov.uk/pubs/ files/conflictassessmentguidance.pdf

Pacto Mundial de las Naciones Unidas. Documento en línea. Global Compact Business Guide for Conflict Impact Assessment and Risk Management. http:// www. unglobalcompact.org/docs/issues_doc/Peace_and_Business/Business-Guide.pdf

Banco Mundial. 2009. *Gender and Agriculture Sourcebook.* Washington, DC: Banco Mundial. http://siteresources.worldbank.org/INTGENAGRLIVSOUBOOK/ Resources/CompleteBook.pdf

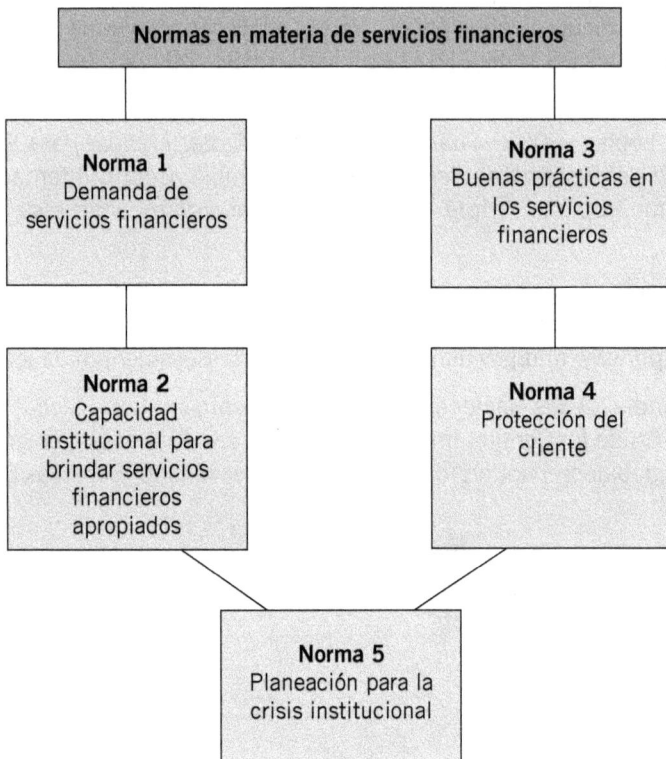

4

NORMAS EN MATERIA DE SERVICIOS FINANCIEROS

Introducción

Los servicios financieros involucran una amplia gama de herramientas que sirven para apoyar y hacer crecer los activos, incluyendo préstamos (crédito), ahorro, seguro, arrendamiento y transferencias de dinero (como las remesas). La gama de servicios financieros refleja el hecho de que las personas y los hogares tienen necesidades económicas y sociales diversas. Las microfinanzas, las cuales incluyen los mismos productos y servicios financieros mencionados, es un subconjunto de servicios financieros que involucran cantidades más pequeñas de dinero. Las microfinanzas tienen como objetivo a los pobres económicamente activos, particularmente quienes trabajan en el sector informal. Debido a que los pobres tienen menores ingresos y menos activos, y frecuentemente no tienen propiedad legal formal de su tierra o negocio, las microfinanzas utilizan métodos no tradicionales, incluyendo préstamos sin garantía, para poder expandir sus servicios a este mercado.

Hay una amplia gama de proveedores, desde instituciones formales (como bancos comerciales y compañías de seguros) hasta organizaciones no lucrativas y compañías de telefonía celular, que ofrecen servicios financieros, incluyendo microfinanzas. También se proporcionan por medio de arreglos informales, tales como grupos de ahorro y crédito gestionados por la comunidad o por un grupo (ROSCAS, asociaciones de ahorro y crédito rotativo), *hawalas,*[1] y tiendas al detalle que brindan bienes a crédito. Después de una crisis, estos proveedores informales son frecuentemente los primeros en iniciar o reiniciar los servicios.

Los servicios financieros son esenciales para crear y expandir las oportunidades económicas, mitigar los riesgos y ayudar a las personas y los hogares a suplir sus necesidades económicas y sociales. Permiten a las personas, hogares y empresas generar oportunidades; construir activos, incluyendo ahorros; reducir su vulnerabilidad; y frecuentemente crear ingresos. En entornos posteriores a la crisis, los servicios financieros son fundamentales para fomentar y apoyar la recuperación económica, la reconstrucción y para reparar el bienestar de las personas y los hogares.

Norma en materia de servicios financieros 1: Demanda de servicios financieros

Los servicios financieros se inician o se reincorporan tan pronto como la demanda de los clientes y la capacidad institucional estén presentes y se verifiquen.

Acciones clave

• Determinar si hay suficiente demanda de servicios financieros entre los hogares y empresas objetivo, y para qué tipo de servicios, por medio de un análisis de mercado a profundidad[2] (vea la Nota de orientación 1).

• Evaluar a otros proveedores de asistencia financiera y económica, incluyendo transferencias de activos y subvenciones, fuentes informales de servicios financieros, proveedores de insumos y mayoristas (vea la Nota de orientación 2).

Key Indicators

• Existe evidencia de compra y venta de bienes y servicios en los mercados locales.[3]

• La demanda de servicios financieros que no se ha suplido se identifica y se define (vea la Nota de orientación 1).

• Hay demanda para servicios financieros a largo plazo (vea la Nota de orientación 3).

• La demanda se evalúa regularmente (vea la Nota de orientación 4).

Guidance Notes

1. **Demanda suficiente:** La actividad económica frecuentemente inicia justo después o incluso durante una crisis. Para fomentar el retorno a las actividades económicas o su expansión, los servicios financieros deben iniciar tan pronto como haya suficiente demanda para comenzar a cubrir el costo de proporcionar el(los) servicio(s) de manera constante y confiable. (Para mayor información, vea la Norma en materia de servicios financieros 3, Nota de orientación 1.) Los hogares y las empresas afectadas

por la crisis requieren de una gama de servicios financieros, incluyendo ahorro, crédito, transferencias monetarias (remesas, otros mecanismos de pago) y educación financiera. Los servicios que se ofrecen deben basarse en la demanda de los clientes y las metas y capacidad de las organizaciones. Si no hay suficiente demanda, las transferencias de activos pueden ser una solución más viable. (vea las Normas en materia de activos productivos).

2. **Otros proveedores:** La demanda potencial es una función de la disponibilidad y el acceso que se tenga al apoyo financiero de otras fuentes. Al evaluar la demanda, las organizaciones deben estudiar a los proveedores de asistencia financiera y económica que ya pueden estar supliendo esta demanda. Otros proveedores pueden incluir a los gobiernos, los bancos, otras ONG, los negocios locales, las asociaciones de ahorro y crédito rotativo (ROSCA, por sus siglas en inglés), y a los prestamistas informales de dinero.

3. **Demanda a largo plazo:** Al evaluar la demanda financiera, las organizaciones deben determinar si la actividad que será financiada requiere una inyección de efectivo o materiales de una sola vez (quizás podría realizarse mejor con una transferencia de activos) o si la necesidad financiera es regular o cíclica y, por lo tanto, podría abordarse de manera más sostenible por medio de crédito o los propios ahorros del cliente.

> *Ejemplo de programación receptiva a las normas:* Inmediatamente después de un desastre natural en una comunidad agrícola, las actividades de recuperación económica a corto plazo pueden incluir el otorgar donativos en efectivo u otro tipo de transferencias para suplir las necesidades de seguridad alimentaria. Por ejemplo, un donativo puede ser apropiado para ayudar a los agricultores a comprar semillas y herramientas que se perdieron en el desastre. Sin embargo, debido a la naturaleza cíclica de la producción agrícola, a largo plazo, la comunidad necesitara instituciones permanentes y financieramente estables para proporcionar fuentes confiables de servicios financieros, con cronogramas y plazos de pago que se ajusten a sus ciclos de producción.

4. **Evaluar la demanda regularmente:** Los entornos de crisis son muy dinámicos, particularmente durante períodos prolongados. Esto hace necesario que los proveedores de servicios financieros se mantengan receptivos a la demanda y proporcionen productos y servicios que suplan el mercado que está en rápida evolución y las condiciones ambientales. Los proveedores de servicios financieros deberían buscar

retroalimentación de los clientes regularmente y buscar cambios en los mercados. Adicionalmente, los clientes de los proveedores de servicios financieros pueden verse afectados por la crisis de diferentes maneras: algunos pueden perder temporal o permanentemente su capacidad de pagar los préstamos, algunos pueden necesitar acceso inmediato a sus ahorros y algunos pueden dejar de ahorrar completamente.

Norma en materia de servicios financieros 2: Capacidad institucional para brindar servicios financieros apropiados

Las intervenciones en materia de servicios financieros se basan en la capacidad del proveedor de servicios financieros.

Acciones clave

- Evaluar la capacidad interna para brindar servicios financieros de acuerdo a las buenas prácticas de la industria a largo plazo (vea la Nota de orientación 1).

- Evaluar las alternativas para dirigir la prestación de servicios.

Indicadores clave

- Las intervenciones en materia de servicios financieros son realistas, dada la capacidad de la organización.

- Los proveedores establecen el fundamento para los servicios financieros formales a largo plazo, cuando sea posible.

Nota de orientación

1. **Servicios a largo plazo de acuerdo a las buenas prácticas:** El prestar servicios financieros es complejo. Los proveedores deservicios deben tener la capacidad técnica, institucional y financiera adecuada, y el compromiso de prestar servicios de acuerdo a las buenas prácticas de servicios financieros.[4] Los servicios financieros exitosos requieren de supervisión financiera, experiencia en contabilidad, auditoría, buena gobernabilidad, planeación estrategia y otros compromisos. Una de las características clave de los buenos servicios financieros es la confiabilidad: los servicios financieros ofrecidos solamente por corto tiempo tienen poca probabilidad de contribuir al crecimiento económico y la estabilidad al largo plazo y, de hecho, pueden causar daños. Una organización que está considerando prestar servicios financieros debe

determinar si puede comprometerse en el largo plazo como se requiere, incluyendo la inversión considerable de fondos, tiempo y experiencia especializada. Si no puede hacer este compromiso, entonces debe mejor trabajar por medio de socios, ofrecer servicios financieros basados en la comunidad[5] oo centrar sus esfuerzos en los servicios no financieros.

Ejemplo de programación receptiva a las normas: Una organización desea fomentar el ahorro en un área afectada por la crisis, pero solamente ha planeado ofrece programa de un año. No tiene el tiempo, la experiencia o el conocimiento de las leyes para establecer una institución formal a la que se le permita captar depósitos. En su lugar, decide promover grupos comunitarios de ahorro gobernados por los miembros que se sostendrán por sí solos después del programa de un año.

Norma en materia de servicios financieros 3: Buenas prácticas en los servicios financieros

Los proveedores de servicios financieros se apegan a prácticas buenas y aceptadas en los servicios financieros.

Acciones clave

* Establecer el plan de precios de los servicios financieros para cubrir los costos (vea la Nota de orientación 1).

* Verificar si las leyes, regulaciones y costumbres locales pertinentes conducen a buenas prácticas en los servicios financieros.

Indicadores clave

* En un período específico de tiempo, los proveedores de servicios financieros pueden lograr autosuficiencia financiera (vea la Nota de orientación 1).

* Los servicios financieros están estructurados dentro del contexto de los flujos de efectivo del hogar o de la empresa (vea la Nota de orientación 2).

* Los productos de préstamo y los mecanismos de entrega se apegan a las leyes y costumbres locales (vea la Nota de orientación 3).

* Las normas y las buenas prácticas para los servicios financieros eficaces son las mismas que en los entornos no afectados por la crisis (vea la Nota de orientación 4).[6]

- Los proveedores de servicios financieros siguen las prácticas establecidas de transparencia y rendición de cuentas en la gestión de fondos (Vea la Nota de orientación 5).

- Los programas claramente distinguen entre servicios financieros y no financieros (Vea la Nota de orientación 6).

Notas de orientación

1. **Precios:** El proveer servicios financieros incluye los costos de operación (el costo de manejar una institución o programa), los costos de fondos (la inflación o la tasa a la que uno presta para obtener los fondos para poder prestar) y la cobertura de las pérdidas esperadas. El establecer el precio correcto para los servicios financieros (tales como la fijación de honorarios y tasas de interés) para poder cubrir estos costos asegura que el servicio sea confiable, sostenible en el largo plazo, que pueden alcanzar escala y, por lo tanto, que sea accesible a grandes números de hogares y empresas afectadas. Puede llevar años alcanzar la sostenibilidad financiera plena, cubriendo todos los costos de desarrollo de un nuevo producto o generando ingresos adicionales para la expansión a nuevas áreas o ganancias. La agencia de implementación debería desarrollar proyecciones financieras para determinar cuándo será operativamente, si no financieramente, sostenible. La agencia de implementación debe entonces asegurar que tiene los fondos, conocimiento y habilidades necesarias para hacer el compromiso requerido a largo plazo para alcanzar la sostenibilidad operativa.

   Mientras que subsidiar estos costos puede parecer atractivo en el corto plazo, una vez los donantes iniciales dejan el área y regresan las fuerzas normales del mercado, la dependencia que tenían los clientes en estas tasas bajas de interés o cobros bajos por servicios dañará su capacidad de tener éxito económicamente. Además, en un área donde hay varios proveedores de servicios financieros, subsidiar las tasas de interés de algunos actores puede minar la viabilidad en el largo plazo de otros proveedores que prestan a tasas del mercado. Este tipo de subsidios, cuando se alargan, pueden distorsionar en gran manera el mercado.[7] En algunos casos limitados, las organizaciones pueden querer omitir ciertos costos de corto plazo en los cálculos de precios, los cuales son particulares a la situación de crisis y atípicos en los costos de operación normales, tales como la seguridad para el personal expatriado. Esto puede ser adecuado si los costos fueran irrelevantes a las operaciones de largo plazo y a la sostenibilidad de la institución. Los proveedores de servicios financieros que ofrecen varios productos pueden calcular los precios a nivel general (institucional), en lugar de hacerlo por producto individual.

2. **Flujo de efectivo del cliente:** Para los productos de crédito, el desembolso de los préstamos, programas de pago y cantidades de pago deberán tomar en cuenta el flujo de efectivo del hogar o empresa para asegurar que el cliente podrá usar y pagar el servicio. De manera similar, el captar y distribuir depósitos de ahorros (si están ligados al tiempo) y pagos de seguros necesitan tomar en cuenta el flujo financiero de los hogares.

3. **Cumplir con las leyes locales:** Las leyes locales pueden dictar la manera en que se entregan los servicios financieros, incluyendo las restricciones sobre tasas de interés y precios, la previsión por pérdidas, los servicios de seguros, las remesas y la inversión de los ahorros de los clientes (conocido como movilización). A veces, las leyes locales evitan que las organizaciones proporcionen servicios financieros sólidos y confiables. En este caso, puede que no sea posible proveer servicios financieros, haciendo que las agencias busquen opciones alternativas, tales como los ahorros manejados por la comunidad y grupos crediticios (ROSCA).

4. **Normas y buenas prácticas para tener servicios financieros eficaces:** Aunque las secuelas de una crisis pueden estar marcadas por trastornos económicos, inquietud pública u otros factores que debiliten la estabilidad, las normas y las buenas prácticas de los servicios financieros eficaces aún deben respetarse, incluyendo el diseño de productos con base en las necesidades; la calificación crediticia; los programas de pago establecidos; los servicios complementarios, como educación financiera, según sean necesarios; y las evaluaciones de impacto. Mientras que el resultado de estos servicios financieros puede parecer diferente en un contexto posterior a la crisis, su aplicación debe ser tan rigurosa como en un contexto sin crisis. Esto incluye el fijar expectativas para el pago y reforzarlo.

Ejemplo de programación receptiva a las normas: Las organizaciones que deseen ayudar a los clientes a negociar en una crisis pueden decidir poner a su disposición los ahorros de los clientes cuanto antes sin penalizarlos, reprogramar los pagos de los préstamos o eliminar las sanciones por pago tardío por un período fijo de tiempo. Como último recurso, el condonar un préstamo específico puede ser una opción. Sin embargo, mantener la expectativa de pago es crucial para que la organización tenga la capacidad de continuar prestando dinero.

5. **Transparencia financiera y rendición de cuentas:** Las instituciones formales, o aquéllas que aspiran a este nivel de servicios financieros, deben realizar auditorías anuales externas y producir informes basados en las Normas Internacionales de Contabilidad. El cumplir con las normas internacionales de contabilidad y el promoverlas fortalece la salud financiera de la organización, la cual aumenta su capacidad para prestar servicios financieros en el largo plazo. Los proveedores de servicios financieros basados en la comunidad deben usar los mecanismos apropiados por medio de los cuales sus miembros pueden rastrear el uso de los fondos. Esto puede incluir un libro mayor para el grupo o un estado de resultados, y revisiones de las cifras a intervalos regulares por parte de diferentes miembros del grupo.

6. **Estrategias claras para donativos versus préstamos:** En entornos de crisis, las organizaciones humanitarias pueden emprender servicios financieros además de su trabajo humanitario, o los proveedores de servicios financieros pueden decidir ofrecer donativos de emergencia en efectivo o asistencia directa. En estas instancias, hay una alta probabilidad de que los clientes se confundan en cuanto a cuál servicio es un donativo, qué servicio necesita pagarse (préstamo) y quién cumple con los requisitos para qué servicio. Para evitar confusión, las organizaciones deben, como mínimo, ser transparentes y comunicar ampliamente los requisitos de elegibilidad y los términos. Si es posible, deben realizar las actividades de préstamo a través de canales separados de las intervenciones de donativos. Cuando las diferentes organizaciones realizan donativos y operaciones crediticias en una misma área o tienen como objetivo el mismo grupo, estas organizaciones deben tener una comunicación clara, transparente y de amplio alcance sobre los criterios de elegibilidad, el proceso de desembolso y los canales de distribución.

En algunas circunstancias, pueden necesitarse inyecciones de efectivo y capital en forma de donativos únicos para hogares y empresas, para fomentar la reconstrucción y estabilizar los ingresos. Cuando se desarrolla una estrategia financiera (para donativos o préstamos), los programas deben desarrollar una comunicación coherente acerca de la estrategia, particularmente para los donativos, y fijar expectativas de manera temprana para que sepan que el donativo se hará una sola vez o será un evento por un período de tiempo determinado. Esto incluye la consideración del uso de las operaciones de servicios financieros para entregar transferencias de efectivo, incluyendo remesas y otras actividades relacionadas con la ayuda humanitaria. En este caso, las agencias deben evaluar el posible impacto en la viabilidad de las operaciones de los servicios financieros. En ciertas situaciones, los donativos pueden estar ligados al crédito continuo y otros servicios. Los proveedores deben ser claros sobre los términos y condiciones de los donativos y la expectativa de que los servicios de crédito deben pagarse.

Ejemplos de programación receptiva a las normas:

a) Una organización en una región afectada está operando un programa de donativos que provee bienes a la población afectada y de manera simultánea tiene un segundo programa que provee servicios financieros. Para evitar confusión por parte de los beneficiarios y los clientes de los servicios financieros, los programas de donativos y de crédito usan diferentes logos, diferentes edificios para sus oficinas y diferente personal y uniformes de empleados, aunque, técnicamente son parte de la misma organización.

b) Una agencia ayuda a un grupo de mujeres para que formen una cooperativa para vender canastas y otro tipo de artesanías para los mercados locales y regionales. La agencia provee un donativo único a las mujeres para que compren el equipo necesario para su negocio y las pone en contacto con una institución financiera para un préstamo para comprar tintes y otros materiales que necesitarán de manera regular para fabricar sus manualidades.

c) Un grupo de ahorro comunitario provee crédito para sus miembros que tienen ideas empresariales sólidas, usando fondos que los miembros contribuyen a los ahorros. Una parte de la contribución de cada miembro va a un "fondo social" que los miembros pueden usar, si desean proveer donativos o préstamos sin intereses a los miembros necesitados (p. ej., si un miembro se enferma o fallece algún pariente).

Fuente: Kimberly Tilock y Sasha Muench, colaboradoras de las *Normas mínimas para la recuperación económica.*

Normas en materia de servicios financieros 4: Protección del cliente

Los proveedores de servicios financieros cumplirán con las normas aceptadas para la protección del cliente.[41]

Acciones clave[7]

* Evaluar la solvencia de quien desea prestar y su disponibilidad y capacidad para pagar.

- Evaluar el entendimiento de quien presta sobre los términos, las condiciones y los procesos para el uso del servicio financiero, con orientación adicional, si fuera necesario.

- Desarrollar políticas de ética y de privacidad del cliente que sean ratificadas por las juntas directivas de las instituciones (si se aplica); capacitar al personal y que rindan cuentas de estas políticas.

- Hacer un proceso operativo para solicitar y dirigir las quejas de los clientes de manera oportuna.

Indicadores clave

- Los proveedores de servicios financieros toman los pasos razonables para asegurar que el crédito se extienda únicamente a las personas que tiene la capacidad de pagar sus préstamos y quienes no están sobre-endeudados (Vea la Nota de orientación 1).

- Los precios, las tarifas y los plazos de todos los productos financieros se explican al cliente de manera que sea transparente y comprensible.

- Las prácticas de cobro no son coercitivas ni abusivas.

- Se implementa una política de ética para combatir la corrupción o el abuso de los clientes.

- Las quejas de los clientes se responden y se resuelven de manera oportuna.

- Los proveedores de servicios financieros respetan la privacidad del cliente y no usan o distribuyen sus datos personales sin su permiso.

Nota de orientación[8]

1. **Prevencion de sobre endeudamiento:** La evaluación de la solvencia y la capacidad y disposición para pagar es esencial para el bienestar financiero tanto del proveedor como del cliente.[42] Los proveedores de servicios financieros deben estar conscientes de que los clientes pueden necesitar orientación acerca de sus servicios financieros, incluyendo los términos, condiciones y procesos o capacitación sobre cómo usarlos de manera productiva. El compartir los historiales de crédito de los clientes con otros proveedores de servicios financieros, donde es legal hacerlo, también puede contribuir a evitar darle varios créditos al mismo cliente, lo cual podría dar como resultado un sobre-endeudamiento.

Norma en materia de servicios financieros 5: Planificación de la crisis institucional

Los proveedores de servicios financieros tienen políticas establecidas para proteger a la organización y sus clientes de los efectos ocasionados por la crisis.

Acciones clave

• Desarrollar políticas y procedimientos para la preparación ante una crisis que sean ratificados por la junta directiva de la institución (conforme se aplique), capacitar al personal y que rindan cuentas de estas políticas.

Indicadores claves

• Los proveedores de servicios financieros establecen políticas para minimizar el riesgo financiero de la crisis (Vea la Nota de orientación 1).

• Se establecen directrices para garantizar la seguridad del personal y de los clientes, las cuales se revisan con regularidad (vea la Nota de orientación 2).

• Los proveedores de servicios financieros evalúan el efecto de las crisis recurrentes sobre los clientes para determinar la necesidad de ajustes (vea la Nota de orientación 3).

Notas de orientación

1. **Preparación Institucional:** Las organizaciones que prestan servicios financieros en áreas afectadas por crisis recurrentes necesitan estar preparadas para el crecimiento del conflicto o más desastres. Las políticas y procedimientos para estar preparados ante una crisis y dar respuesta a la misma deben estar documentados, con revisiones anuales realizadas por el personal y la junta directiva. De manera similar, el sistema de información de la gestión de la organización debe desarrollarse de manera en que pueda enfrentar un desastre, con un proceso claro para realizar copias de seguridad y otros procedimientos documentados sobre la operación del sistema en caso de una crisis. Esta política debe asegurar la protección de la información del cliente y el acceso de la organización a esta información. Además, en momentos de crisis, la capacidad de una organización para manejar su liquidez (cumplir con todas sus obligaciones de pago de manera oportuna) puede verse comprometida. Los clientes ahorran menos o dejan de ahorrar del todo, retiran sus ahorros, dejan de hacer los pagos de sus préstamos o

solicitan préstamos complementarios de emergencia. Todas estas situaciones influyen fuertemente en la cantidad de efectivo que entra y sale del proveedor de servicios financieros y, para las organizaciones mal preparadas, puede resultar en problemas de liquidez. Los proveedores de servicios financieros en ambientes afectados por la crisis necesitan estar conscientes y prever esta volatilidad, y ofrecer opciones que ayuden a los clientes a superar estas situaciones sin comprometer la viabilidad de la institución a largo plazo.

2. **Seguridad del personal y del cliente:** El garantizar la seguridad del personal y de los clientes es importante para cualquier actividad de recuperación, pero es particularmente importante en las intervenciones de servicios financieros, debido al gran volumen de efectivo que se maneja, así como el nivel de la información de los clientes. Las organizaciones deben esperar períodos recurrentes de alto riesgo e implementar políticas para minimizar el peligro potencial a los clientes y al personal en términos del manejo de efectivo y la protección de la información del cliente. (Para mayor información, vea el Manual Esfera, edición 2011, próxima, Norma esencial 6: Desempeño de los trabajadores humanitarios.)

3. **Evaluación de las necesidades del cliente:** Los clientes de las instituciones de servicios financieros pueden verse afectados por las crisis de diferentes maneras: la capacidad de algunos para pagar sus préstamos puede ser afectada de manera temporal o permanente y pueden necesitar acceso a sus ahorros. Los proveedores de servicios financieros en ambientes afectados por las crisis necesitan entender y prever esta volatilidad y ofrecer opciones que ayuden a los clientes a enfrentar estas situaciones sin comprometer la viabilidad de la institución a largo plazo.

Ejemplo de prácticas receptivas a las normas: Las organizaciones que quieren ayudar a sus clientes a negociar en la crisis pueden decidir poner los ahorros a disposición de los clientes cuanto antes sin sanciones, reprogramar los pagos de los préstamos, eliminar las sanciones por pagos tardíos por un período de tiempo determinado o renegociar los préstamos para que sean libres de intereses. Aunque condonar un préstamo específico es una opción, mantener la expectativa de pago de los préstamos es crucial para que la organización pueda continuar prestando dinero.

Remarques

1 Los *Hawalas* son arreglos bancarios informales usados en Afganistán y Somalia (y otras áreas, principalmente el Oriente Medio, África del Norte y Asia del Sur y Central), que permiten la transferencia de fondos por medio de una red de intermediarios sin utilizar instituciones financieras formales.

2 La "demanda" de servicios financieros se define como una necesidad o deseo, además de la capacidad y la disposición de pagar por un bien o servicio.

3 Vea la Norma esencial 1.

4 Vea las buenas prácticas para los servicios financieros en la Norma en materia de servicios financieros 3.

5 Éstos son servicios financieros que son "propiedad" de los miembros comunitarios y son administrados por ellos mismos, sobre la base de la movilización de sus propios ahorros, tal como las ROSCA.

6 Vea el Apéndice a las normas en materia de servicios financieros donde encontrará recursos sobre las directrices de las buenas prácticas.

7 Esta nota de orientación no tiene la intención de implicar que todas las poblaciones deben y pueden tener acceso a los servicios financieros con precios de mercado. Vea las Normas en materia de activos productivos, si se determina que los servicios financieros no son una intervención adecuada para la población objetivo.

8 Estos principios se basan en el documento en línea del Grupo Consultivo de Ayuda a la Población Más Pobre (CGAP), "The Client Protection Principles in Microfinance" (http://www.cgap.org/p/ site/c/template.rc/1.26.4943), las cuales son normas desarrolladas por la industria de las microfinanzas. Para más información, vea el Apéndice a las normas en materia de servicios financieros.

9 Hay varias metodologías para realizar calificaciones crediticias rápidas del cliente. Vea el Apéndice a las normas en materia de servicios financieros para leer más sobre el tema.

Apéndice a las normas en materia de servicios financieros

Banking with the Poor Network. 2006. *Microfinance and Disaster Relief* brief series. Singapur: BWTP. http://www.bwtp.org/arcm/mfdm/research.html

Brief 1: Microfinance Institutions and Disaster Relief

Brief 2: The Role of Microfinance in Livelihood Restoration following a Natural Disaster

Brief 3: Grants and Loans in Livelihood Restoration following a Natural Disaster

Brief 4: Microfinance and cash-for-work in Livelihood Restoration following a Natural Disaster

Brief 5: Microleasing in Livelihood Restoration following a Natural Disaster

Brief 6: Savings for Risk Mitigation and Crisis Recovery

Brief 7: Microinsurance for Risk Mitigation and Crisis Recovery

Bruett, Tillman, Dan Norell y Maria Stephens, eds. 2004. Conflict and Post-conflict Environments: Ten Short Lessons to Make Microfinance Work." Progress Note, no. 5. Washington, D.C.: La Red SEEP. http://www. seepnetwork.org/Resources/2059_PN_5FINAL.pdf

Demirgüç, Asli, Leora F. Klapper y Georgios A. Panos. 2008. Entrepreneurship in Post-Conflict Transition: The Role of Informality and Access to Finance. Washington, DC: Banco Mundial. http://siteresources. worldbank.org/INTLSMS/Resources/3358986-1181743055198/3877319-1226953919843/Bosnia_ Mar08.pdf

Dhumale, Rahul y Amela Sapcanin. 2008. *An Application of Islamic Banking Principles to Microfinance.* Technical Note. Washington, DC: Banco Mundial. http://assaif.opencontent.it/content/download/5276/30835/file/Islamic%20 microfinance-%20Technical%20note.pdf

El-Zoghbi, Mayada. 2008. Synthesis Report: Understanding the Broader Impact of Microfinance in Conflict Settings. Washington, DC: USAID. http:// www.microfinancegateway.org/p/site/m//template.rc/1.9.31094

Forster, Sara, Estelle Lahaye y Kate McKee. 2009. Implementing the Client Protection Principles: A Technical Guide for Investors. Washington, DC: CGAP. http://www.cgap.org/gm/document-1.9.37858/Implementing%20 the%20Client%20Protection%20Principles%20-%20A%20Technical%20 Guide%20for%20Investors%20OFINAL.pdf

Fripp, Jesse y Tim Nourse. Best Practice in a Post-emergency Environment Is No Different from Normal Enterprise Development and Microfinance. *Enterprise Development and Microfinance* 21(1): 5–12. http://www.ingentacon- nect.com/content/itpub/edm/2010/00000021/00000001/art00002

Nagarajan, Geetha. 2005. Microfinance, Youth, and Conflict: Emerging Lessons and Issues. AMAP microNOTE No. 4. Washington, DC: USAID. http://www. microlinks.org/ev_en.php?ID=7123_201&ID2=DO_TOPIC

Nourse, Timothy. 2004. Refuge to Return: Operational Lessons for Serv ing Mobile Populations in Conflict-Affected Environments. AMAP microNOTE No. 1. Washington, DC: USAID. http://www.microlinks.org/ev_ en.php?ID=7122_201&ID2=DO_TOPIC

O'Donnell, Ian. 2009. Practice Review on Innovations in Finance for Disaster Risk Management. Ginebra: ProVention Consortium, FICR. http://www. preventionweb.net/english/hyogo/gar/background-papers/documents/Chap6/ ProVention-Risk-financing-practice-review.pdf

The SEEP Network Savings-Led Financial Services Working Group, Ratios Subgroup. 2008. *Ratio Analysis of Community-Managed Microfinance Programs.* Washington, D.C.: SEEP Network. http://www.seepnetwork.org/ resources/5905_file_Ratios_web_final.pdf

Welin, S., y A. Hasting. Documento en línea. "Post-Disaster and Post-Conflict Financial Services: Best Practices in Light of Fonkoze's Experience in Haiti." Documento preparado para la Cumbre Mundial de Microcrédito. http://www. micro-creditsummit.org/papers/Workshops/32_WerlinHastings.pdf

Welle-Strand, A., Kristian Kjøllesdal y Nick Sitter. 2010. Assessing Microfinance: The Bosnia and Herzegovina Case. *Managing Global Transitions* 8(2): 145–66. http://www.microfinancegateway.org/gm/document-1.9.44957/ assessing%20microfinance--.pdf

```
┌─────────────────────────────────────────────┐
│   Normas en materia de activos productivos    │
└─────────────────────────────────────────────┘
```

Norma 1	Norma 2	Norma 3	Norma 4
Programación de todos los activos	Activos para reactivar los medios de vida	Activos para la expansión de los medios de vida y el desarrollo	Protección de activos

5

NORMAS EN MATERIA DE ACTIVOS PRODUCTIVOS

Introducción

Para el propósito de estas normas, los "activos productivos" se definen como los recursos que se usan para generar ingresos y ganancias.

Las personas pueden usar los activos de dos maneras: 1) pueden ser propietarios o controlarlos de manera directa, o 2) pueden tener acceso a los recursos que no les pertenecen.[1]

Después de una crisis, los programas de activos pueden existir con la intención de reponer activos perdidos como resultado de una crisis; facilitar el crecimiento de una base de activos para aumentar los; o proteger los activos existentes para que no se consuman, vendan o pierdan. Hay muchas maneras de lograr estos objetivos. Los programas de reposición de activos pueden evaluar el valor de los activos perdidos y reemplazarlos adecuadamente o desembolsar un tipo de activo, como herramientas, para todo beneficiario objetivo. Otros programas proveen efectivo u otros recursos, los cuales pueden usar los beneficiarios para reemplazar los activos productivos o evitar su venta. Los programas pueden incluir soluciones de mercado para proteger o vender activos cuya productividad está en declive, por ejemplo, almacenando cosechas hasta que los precios aumenten o vendiendo ganado en respuesta a una sequía crónica.

El método adecuado depende del ambiente de trabajo, el objetivo del programa y el grupo objetivo. Las transferencias de efectivo se han vuelto más comunes en los años recientes, debido a la eficiencia y velocidad con las que estos programas se pueden implementar; el apoyo que le dan a los mercados y a los negocios locales; y el poder de toma de decisiones que le da a los beneficiarios para decidir qué, cuándo y dónde comprar lo que quieren. El uso de vales (para comprar los productos y servicios de una variedad de proveedores) es una opción intermedia que limita la manera de usar el dinero, pero puede darle al beneficiario la libertad de seleccionar entre un par de

productos o fuentes. Los activos pueden transferirse directamente a los beneficiarios, especialmente en situaciones donde los mercados locales no están
funcionando. Varios documentos brindan una mejor explicación y análisis de
estas metodologías, algunos de los cuales están enumerados en el apéndice
de esta sección.

Además, otras metodologías de los programas pueden tener impacto directo
sobre la recuperación y protección de los activos. Por ejemplo, un programa
de acceso financiero puede ofrecer garantías a pequeñas empresas para facili-
tarles el acceso a crédito para reemplazar activos perdidos en una crisis y para
comprar nuevos activos para responder a la demanda del mercado después
de la crisis.

Ejemplos de programas de activos:

Vales: Después de un terremoto, los beneficiarios reciben una libreta de
vales con un valor de US$400 para comprar los materiales necesarios
para el negocio en las tiendas locales que venden equipo, herramientas
y maquinaria. A los beneficiarios se les permite seleccionar los suministros necesarios, sobre la base de su evaluación de la demanda actual del
mercado, y se les da hasta seis meses para usar los vales.

Efectivo: Los vendedores en el mercado reciben efectivo, equivalente al
valor del equipo productivo y de los suministros perdidos en un incendio
del mercado. Los beneficiarios están en la libertad de usar el efectivo para
cualquier propósito de negocio, incluso para iniciar una empresa diferente
a la que tuvieron antes del incendio.

Transferencia directa de activos: Los hogares que tienen crianza de pollos,
reciben pollos para reponer los que murieron en la inundación.

Rehabilitación de infraestructura clave: Después de un terremoto, los
programas de efectivo por trabajo usan el trabajo comunitario para reha-
bilitar los malecones que son importantes para proteger las cosechas
en los campos cercanos y a la comunidad del impacto de la próxima
temporada de huracanes.

Para los activos con un valor de mercado grande o los utilizados por hogares
múltiples (p.ej., un molino de arroz comunitario), con frecuencia hay una
tendencia a formar grupos para administrar y mantener el activo de forma
conjunta. Mientras que este deseo es comprensible, puede conllevar a
consecuencias no deseadas: muchos de estos activos manejados en grupo
con frecuencia se arruinan o se venden. Si es posible, es preferible evitar

formar grupos para la programación de activos. Los programas deben considerar si hay otros medios de hacer que los activos grandes estén accesibles a la comunidad. Por ejemplo, un programa puede ayudar a un empresario a prestar dinero para comprar un equipo que otros pueden pagar para usarlo conforme lo necesiten. De manera alternativa, un programa puede identificar una cooperativa o asociación preexistente, de buen funcionamiento y bien gobernada para manejar el activo. (Para mayor información sobre este aspecto de la programación de activos, vea la Norma en materia de activos productivos 1.)

La siguiente sección presenta las normas mínimas para todos los tipos de programación de activos. Le siguen normas específicas para las actividades dirigidas a reactivar los medios de vida existentes, desarrollar y expandir los medios de vida nuevos y diversificados, y proteger los activos existentes.

Norma en materia de activos productivos 1: Programación de todos los activos

La programación de los activos responde a las necesidades de los beneficiarios sin minar los mercados locales y aborda temas de transparencia, equidad e impacto en el largo plazo.[44]

Acciones clave[2]

- Identificar y responder a las necesidades, capacidades y aspiraciones de los beneficiarios (ver la Nota de orientación 1).

- Desarrollar criterios de selección de participantes claros y transparentes.[3]

- Evaluar los riesgos potenciales a la seguridad física de los beneficiarios, sus activos e ingresos relacionados, y tomar pasos para abordar estos riesgos (vea la Nota de orientación 2).

- Analizar la disponibilidad de los activos en el mercado local y la capacidad del mercado para responder a las necesidades de los beneficiarios (vea la Nota de orientación 3).[4]

- Ser claro de manera interna y con los socios en cuanto a lo que el programa de activos está tratando de lograr y comunicarlo a los beneficiarios (vea la Nota de orientación 4).

- Considere las repercusiones en el corto, mediano y largo plazo de cualquier programación de activos y las posibles concesiones entre los resultados inmediatos y el impacto en el largo plazo (vea la Nota de orientación 5).

- Ser cuidadoso al formar grupos para los programas de activos. Pensar bien en las consecuencias de la dinámica de poder dentro de los grupos, la diversidad y la equidad; las capacidades de gestión del grupo; y los factores económicos, culturales y ambientales (vea la Nota de orientación 6).

Indicadores clave

- No se detecta ningún efecto dominó negativo en los mercados locales como resultado directo del programa de activos (vea la Nota de orientación 3).

- Los beneficiarios pueden expresar el objetivo del programa de activos y el por qué ellos fueron seleccionados (vea la Nota de orientación 4).

- Los grupos demuestran cohesión y capacidad de gestión (vea la Nota de orientación 6).

Notas de orientación

1. **Adecuación:** Una programación de activos para propósitos productivos funcionará únicamente si los beneficiarios están listos, son capaces y están dispuestos a usar los activos, y si esta actividad resultará viable para ellos en términos de sus medios de vida.

2. **Evaluación de riesgo:** Los programas de activos pueden, de manera inadvertida, aumentar una gama de riesgos, incluyendo el peligro físico desde llevar y almacenar efectivo y activos, el conflicto social entre beneficiarios y otros miembros de la comunidad, los problemas a largo plazo que surjan cuando los beneficiarios traten de administrar empresas que no son adecuadas. Los programas deben considerar los riesgos y reducirlos en la medida de lo posible.

Ejemplo de mala programación: Un programa de distribución de efectivo para reemplazar activos anuncia públicamente que los beneficiarios objetivo pueden pasar por sus donativos en efectivo en una carpa en el campo de futbol comunitario a partir de las 10 a.m., el siguiente sábado. Los beneficiarios esperan, haciendo fila a la intemperie sin seguridad y salen directo a la calle principal. Es muy fácil ver desde la calle quién recibe el efectivo y varios de los beneficiarios son asaltados en los siguientes días.

3. **Efecto sobre los mercados locales:** Las evaluaciones necesitan examinar los efectos de los programas de activos en los mercados locales y

considerar una gama de problemas del lado del suministro relacionados con la compra y distribución de activos (p. ej. cómo la compra local puede afectar la disponibilidad local de un bien para otras personas). Los programas deben considerar los beneficios y los costos potenciales de inflación al comprar activos local o regionalmente (incluyendo el potencial de estimular el crecimiento del mercado local), el efecto de sustitución de los beneficiarios que reciben bienes gratis (p. ej. qué harán con el dinero que hubieran usado para comprar estos bienes) y el impacto sobre las empresas y las organizaciones locales (particularmente empresas pequeñas y medianas), así como sobre las instituciones que proveen servicios financieros.

Ejemplo de programación receptiva a las normas: Un programa compra equipo agrícola básico (azadones, carretas, etc.) de un mayorista local y lo distribuye a los agricultores para reemplazar las herramientas perdidas en las inundaciones. Este pedido grande brinda al mayorista el efectivo necesario para reaprovisionarse de otra mercadería, la cual aumenta la disponibilidad de suministros de agricultura para todos los agricultores en el área afectada.

Ejemplo de mala programación: Después de una crisis, un programa compra la semilla agrícola en el extranjero y distribuye la semilla de manera extensa a las poblaciones de agricultores afectados. Ya que todos ahora tienen semilla gratis, el precio de la semilla en las tiendas agrícolas locales cae, y el ingreso de los productores de semilla local, importadores, mayoristas, transportistas y vendedores al detalle cae dramáticamente.

4. **Propósito del programa:** Algunos programas tienen directrices estrictas que dicen que todos los activos reemplazados o provistos deben ser usados para un propósito acordado. Otros programas se decisiones en la libertad del beneficiario para tomar sus propias decisiones en relación a sus medios de vida. Para el segundo tipo de programa, hay más flexibilidad para que los beneficiarios vendan sus activos, guarden su efectivo y usen sus vales en cualquier momento y tomen otras decisiones estratégicas para su hogar. En cualquier caso, los programas deben comunicar claramente sus objetivos y restricciones, así como cualquier sanción por ignorar las reglas del programa. El primer tipo de programa puede requerir acuerdos más detallados con los beneficiarios y un sistema de monitoreo más profundo que el segundo tipo de programa. Además,

los programas deben ser transparentes con las comunidades sobre los criterios de selección del beneficiario. Esto puede ayudar a prevenir conflictos entre los miembros de la comunidad que se benefician del programa y quienes no fueron seleccionados.

Ejemplo de programación receptiva a las normas: Un programa reemplaza los activos que se perdieron en una crisis, utilizando un modelo basado en conceptos de seguro. A cada beneficiario se le proporciona efectivo por el valor total de sus activos perdidos, hasta un límite superior establecido. Se permite a los beneficiarios utilizar ese efectivo, dependiendo de sus circunstancias, por ejemplo, para reemplazar los activos perdidos, para comprar activos diferentes o para usar el efectivo para otras necesidades familiares. El programa explica en foros comunitarios que los beneficiarios tienen libertad de usar el efectivo como deseen, pero no habrá distribuciones futuras de los activos relacionados con negocios o efectivo adicional para ayudarlos, si ellos no usan el efectivo en actividades que les generen ingresos.

5. **Impacto en el corto, mediano y largo plazo:** Muchas actividades de recuperación y protección de bienes buscan rápidamente iniciar, reactivar o expandir los medios de vida para abordar las necesidades inmediatas de ingresos de los beneficiarios. Sin embargo, los programas deben tratar de evaluar la viabilidad a largo plazo de estos medios de vida, su impacto en el mercado local más amplio para dichos bienes y servicios, cualquier efecto en el mercado laboral local y sus implicaciones sobre el ambiente. Para los programas que involucran dar fondos o artículos, se necesita tener cuidado para coordinar con otros programas en el área que aplican diferente enfoques, particularmente si estos enfoques requieren más compromiso de los beneficiarios. En ciertas circunstancias, la distribución de activos puede ser un vínculo hacia las actividades de recuperación a más largo plazo, por ejemplo, al facilitarle a los micro-empresarios reiniciar sus negocios para que puedan participar en actividades de desarrollo de negocios. Sin embargo, la distribución de activos puede interferir con los esfuerzos de recuperación si usan cadenas de distribución o métodos de selección de beneficiarios inadecuados. Por ejemplo, la distribución amplia de artículos comprados externamente puede debilitar los intentos de desarrollar proveedores locales de dichos productos.

6. **Uso de grupos:** Los activos que son grandes, valiosos y a escala (p. ej. maquinaria, infraestructura, nueva tecnología) con frecuencia se proporcionan usando metodologías de grupo. Estos mecanismos se seleccionan

porque el activo involucrado será usado por más de un par de individuos, el beneficio se acumulará para la comunidad como un todo o el valor del activo es demasiado grande para dársele a un solo individuo. Antes de iniciar cualquier programa de activos basado en un grupo, los equipos deben evaluar la dificultad de establecer negocios exitosos que dependan de activos en grupo, y si el mercado puede soportar un aumento esperado en la producción de los bienes involucrados. Además, los programas deben determinar si la estructura grupal es adecuada para la situación. Los factores que deben considerarse incluyen el tiempo para establecer o fortalecer el grupo, si se trabajará con grupos existentes o se formarán nuevos, actitudes culturales hacia la formación de grupos, gobernabilidad grupal, asuntos regulatorios y el potencial para el mal uso del activo. La capacidad del grupo para manejar el activo debe determinarse claramente. Si existen brechas, debe darse suficiente capacitación para cerrarlas. Los requerimientos especiales de la nueva tecnología, como la disponibilidad de repuestos, la capacidad de reparación y mantenimiento, y el uso de energía necesitan evaluarse y considerarse claramente.

En cualquier manejo grupal de un activo, los papeles, las responsabilidades, la división de costos y la repartición de ganancias deben documentarse claramente y ser aprobados por todos los miembros del grupo.

Debe abordarse el potencial de corrupción, oportunistas y mal uso del activo dentro del grupo. Los individuos o grupos interesados dentro de las comunidades más grandes pueden intentar dominar o adueñarse de los activos del grupo. Este peligro debe considerarse y, de ser posible, eliminarse o al menos mitigarse.

Para activos como tractores, que requieren mantenimiento y planes para compartirlos en el tiempo, es suficiente una estructura grupal sencilla y menos formal. Otros activos requieren gestiones más complejas. Por ejemplo, el equipo para procesamiento necesita mantenimiento regular, electricidad y un plan de tiempo compartido. En este caso, una estructura formal de grupo con papeles de gestión, alguna compensación y una junta de vigilancia oficial puede ser más apropiada.

El uso de grupos preexistentes puede ahorrar tiempo y recursos, pero es importante evaluar la equidad y la transparencia de las estructuras grupales preexistentes para determinar si hay algún sesgo o exclusión potencial que pudiera más adelante ser punto de contención. Esto es especialmente pertinente en ambientes postconflicto. Los programas pueden adaptar estructuras de grupos preexistentes, usándolas como base para fortalecer la capacidad y para alinear a los miembros del grupo en la intervención especifica del activo. Donde no existen estructuras de grupos anteriores, es importante proporcionar suficiente tiempo y recursos para la formación completa del grupo con equidad y transparencia. Si un programa decide formar nuevos grupos, hay varios factores importantes que deben considerarse. Lo primero y más importante es que la formación del grupo debe tener una alta probabilidad de éxito en el manejo del activo para obtener una ganancia económica. Los programas necesitan asegurar que la mezcla de los integrantes del grupo sea aceptable dentro de la comunidad y la cultura, idealmente a través de un proceso de consultas y transparencia. Esto con frecuencia incluye confiar en los líderes comunitarios para que éstos identifiquen a los miembros del grupo; sin embargo, esto puede reforzar las inequidades existentes de poder político. Los programas también pueden tomar en consideración temas como la diversidad, la equidad de género, la vulnerabilidad y la mitigación de conflictos.

Ejemplo de programación receptiva a las normas: Un grupo de mujeres inicia una panadería después de determinar su comerciabilidad y después de que un programa de capacitación les ayuda a calcular los ingresos y gastos esperados. La división de su trabajo y la programación les ayuda a mantener un horno trabajando en períodos de 24 horas, ayudándoles a maximizar su retorno sobre la inversión de un activo grande y fijo. Un programa de reposición de activos les da el equipo básico y a las mujeres se les presenta una institución de servicios financieros donde toman un préstamo colectivo para cubrir todos los gastos de operación iniciales.

Norma en materia de activos productivos 2: Activos para reactivar los medios de vida

Los programas cuyo propósito es ayudar a los beneficiarios a reactivar sus medios de vida permiten a los beneficiarios reemplazar los activos productivos preexistentes y mejorar su capacidad económica, sin minar la economía local.

Acciones clave

- Tomar en cuenta la capacidad de los beneficiarios para responder y utilizar los activos (vea la Nota de orientación 1).

- No interferir con otras actividades de recuperación económica que tienen una visión de más largo plazo.

- Establecer una estrategia de transición para proveer un servicio sostenible a largo plazo y una estrategia de salida clara (vea la Nota de orientación 2).

Indicadores clave

- Los beneficiarios utilizan los activos como se pretendían usar originalmente y con incidencia mínima de venta de activos o desvío por fracaso en suministrar un medio de vida.

- El diseño del programa incluye un cronograma y una estrategia de salida.

Notas de orientación

1. **Uso productivo de los activos:** La programación de intervenciones debe respetar las habilidades, capacidades y ambiciones de los beneficiarios. En particular, la programación de activos inmediatamente después de una crisis o durante una interrupción prolongada debe tomar en cuenta la capacidad del beneficiario para implementar la actividad económica seleccionada por el programa tanto en el corto como en el largo plazo. Sin embargo, los programas deben considerar las intervenciones que ayudarán a los beneficiarios a responder a las circunstancias cambiantes de los mercados laborales y económicos. Las crisis a gran escala pueden cambiar la economía local a tal grado que los medios de vida preexistentes ya no son viables o requieren diferentes habilidades, conocimiento o activos para sobrevivir.

Ejemplo de mala programación: Tras el tsunami en el Océano Índico, miles de embarcaciones fueron distribuidas a las poblaciones locales para ayudarles a reiniciar la pesca. La mayoría de embarcaciones distribuidas eran botes de pesca costeros y pequeños, a pesar de que la pesca local antes tenía varios tamaños y tipos de embarcaciones específicas para ciertas especies de pescado y zonas geográficas. Debido a la mala selección de beneficiarios y un análisis insuficiente de uso e impacto, muchos botes no eran apropiados y nunca fueron usados para el propósito original. A pesar de esto, el gran número de botes proporcionado siguió creando preocupación sobre la pesca excesiva de ciertas especies y la destrucción forestal para construir más botes.

2. **Estrategia de transición:** Los programas que se realizan inmediatamente después de una crisis con frecuencia buscan simplemente reemplazar

los activos productivos para apoyar la rápida recuperación de los beneficiarios, con intentos limitados de mejorar su situación en el largo plazo o
contribuir al desarrollo económico. Sin embargo, incluso en estas etapas
inmediatas, los programas deben considerar los efectos potenciales a
largo plazo del programa de activos y empezar a identificar posibles
vínculos a intervenciones de más largo plazo, tales como servicios financieros o desarrollo empresarial. Estos programas pueden ofrecerse por
otras organizaciones en el área. (Para mayor información, vea las Normas
de servicios financieros, Normas en materia de desarrollo empresarial y
la Norma esencial 2, Coordinación y eficacia.) Las intervenciones deben
centrarse en apoyar, fortalecer y reconstruir la economía local y a los
actores locales (vea la Norma en materia de activos productivos 1). Las
estrategias de transición deben buscar construir sobre estas fortalezas
locales y paulatinamente eliminar a los actores externos según sea
apropiado.

Norma en materia de activos productivos 3: Activos para la expansión y el desarrollo de los medios de vida

Los programas que buscan ayudar a los beneficiarios a expandir y desarrollar nuevos medios de vida permiten los beneficiarios tomar el control
de su recuperación y crecimiento económico para poder mejorar sus
circunstancias económicas a largo plazo y aprovechar nuevas oportunidades económicas.

Acciones clave

• Analizar las condiciones del mercado en las cuales está operando el
  programa, incluyendo la disponibilidad de los servicios existentes, los
  vínculos requeridos en los mercados y el apoyo empresarial necesario en
  el largo plazo para asegurar la viabilidad de la empresa (vea la Nota de
  orientación 1).

• Apoyar a los hogares y las empresas en la toma de decisiones informadas
  sobre la viabilidad de la actividad productiva y la necesidad de activos
  adicionales, y proporcionar apoyo de manera que fomente la apropiación y
  el control de la actividad por parte del beneficiario (vea la Nota de orientación 2).

• Evaluar el impacto de introducir nuevas metodologías y tecnologías.

• Facilitar acceso a los servicios complementarios o a la asistencia que los
  hogares y las empresas necesitarán para utilizar estos nuevos activos,

por ejemplo, capacitación y vínculos en los mercados (vea la Nota de orientación 3).

Indicadores clave

- El programa promueve las medidas de inversión conjunta por parte de los hogares y las empresas objetivo que indican su propiedad e involucramiento en las actividades económicas (vea la Nota de orientación 2).

- El programa apoya el aumento en los ingresos, las ganancias o las ventas realizadas por cada hogar o empresa utilizando los activos productivos.

- El programa promueve las medidas de viabilidad y sostenibilidad futura de las actividades económicas, particularmente la proporción de hogares y empresas beneficiarias que operan sin ayuda constante del programa.

Notas de orientación

1. **Complejidad:** Los programas de activos a más largo plazo son más complejos que los programas de recuperación de activos inmediatos. Ésos promueven los activos productivos para fortalecer, estimular y expandir las actividades económicas entre los hogares y las empresas objetivo. Los programas de este tipo pueden requerir servicios complementarios y asistencia técnica para lograr sus objetivos. Además, son sensibles a, y dependen de, las características, los requerimientos y la evolución de los mercados. Por consiguiente, el análisis y la atención a las implicaciones a largo plazo son prerrequisitos importantes para el diseño de una intervención exitosa y su implementación. Particularmente, los programas deben evaluar qué servicios de apoyo van a necesitar los beneficiarios después del cierre de los programas de activos para poder mantener sus negocios (p. ej. acceso a financiamiento o apoyo en la comercialización de sus productos) y deben asegurar que los beneficiarios puedan tener acceso a esos servicios.

Ejemplo de programación receptiva a las normas: Un programa desea ayudar a los hogares rurales a vender productos en un mercado nuevo en un pueblo que está creciendo rápidamente debido al ingreso de desplazados internos. Sin embargo, un análisis de mercado muestra que el sistema de transporte es muy irregular para que los hogares puedan llevar sus bienes al mercado. Además de ayudar a los beneficiarios a obtener más activos para incrementar la producción, el programa facilita conversaciones entre la asociación de buses pequeños y los grupos en la aldea, para que los horarios del transporte vayan acorde a los horarios del mercado.

2. **Intervenciones apropiadas:** Los activos productivos son más valiosos para los hogares y empresas objetivo cuando tienen un sentimiento de apropiación sobre los activos, en lugar de ver a los activos como regalos. La selección cuidadosa de las intervenciones del programa y los beneficiarios es esencial, pero con frecuencia no es suficiente para asegurar lo anterior. Los programas pueden requerir que los beneficiarios provean algún nivel de inversión conjunta en los activos apoyados por el programa, por ejemplo, al contribuir parte del costo del activo, proveer inversiones en especie en otros materiales o trabajo, o pagar el activo (en efectivo o en especie) con el tiempo. Si los hogares y las empresas objetivo ya tienen acceso o están invirtiendo en activos productivos por sí mismos, los programas deben considerar evitar su involucramiento directo, ya que esto puede debilitar los mecanismos de adaptación de los beneficiarios, o deben concentrarse en proveer intervenciones de mercado más amplias que beneficiarán a la población en general.

> *Ejemplo de mala programación:* Seis meses después de un huracán, un programa le da a todos los microempresarios en el área un vale por US$5,000 para comprar equipo o suministros para sus tiendas. Las microempresas son libres de usar el vale como lo deseen y no se les requiere hacer ningún plan o invertir sus propios fondos. Muchos empresarios ven esto como una oportunidad para experimentar con nuevos productos y nuevos tipos de equipo. Sin embargo, no todos los empresarios saben cómo administrar sus nuevas actividades de negocio. Dentro de los siguientes 12 meses de haber distribuido el vale, el 50% de las empresas se han quedado sin inventario o han abandonado el nuevo equipo.

3. **Nueva tecnología:** La capacidad que tienen los beneficiarios de usar o mantener un activo nuevo o de sostener métodos nuevos de producción es una consideración importante. Es de vital importancia evaluar las ventas reales y el potencial de ingresos como resultado de los activos nuevos, tanto en el largo como en el corto plazo. Puede necesitarse capacitación en nuevas habilidades técnicas o en el mantenimiento de activos, así como vínculos a los mercados para repuestos e insumos constantes.

Norma en materia de activos productivos 4: Protección de activos

La programación de los activos ayuda a los beneficiarios a proteger sus activos existentes del impacto de crisis recientes y aumenta la resistencia del beneficiario a crisis futuras.[47]

Acciones clave[5]

- Reconocer que las poblaciones afectadas por las crisis necesitarán adaptar su comportamiento, examinar sus estrategias de adaptación existentes y desalentar mecanismos de adaptación que agoten los activos productivos (vea la Nota de orientación 1).

- Proporcionar apoyo adecuado y oportuno después de una crisis, para que los beneficiarios puedan cumplir con las necesidades básicas sin recurrir a la pérdida, consumo o venta de activos productivos (vea la Nota de orientación 2).

- Incluir estrategias para la reducción de desastres para reducir la vulnerabilidad de los beneficiaros ante las crisis futuras y facilitar el mantenimiento y crecimiento de los activos productivos (vea la Nota de orientación 3).[6]

- Trabajar con las partes interesadas locales para evaluar los riesgos futuros potenciales y desarrollar planes para abordar estos riesgos.

Indicadores clave

- Hay evidencia de estrategias de adaptación mejoradas entre los beneficiarios para la crisis inmediata (vea la Nota de orientación 1).

- Las organizaciones del programa ven evidencia de planes desarrollados localmente para mitigar y abordar los riesgos futuros.

- Los beneficiarios retienen los activos productivos (vea la Nota de orientación 4).

Notas de orientación

1. **Estrategias de adaptación:** : Los programas que buscan proteger los activos productivos de los efectos de las crisis recientes deben reconocer las realidades del entorno posterior a la crisis. Mientras que algunas intervenciones pueden mitigar el impacto del choque y disminuir la necesidad de estrategias de adaptación negativas, las poblaciones afectadas pueden seguir estando forzadas a alterar su comportamiento para adaptarse a los cambios. Los programas de activos productivos deben abordar esta realidad y desalentar las estrategias de adaptación que ponen en peligro los activos productivos.

Ejemplo de programación receptiva a las normas: Después de una sequía, un programa de respuesta integral incluye un componente de sensibilización de la comunidad que alienta a los hogares rurales a mantener inventario de semillas y enfatiza la importancia a largo plazo de la siembra. Incluso si los hogares están convencidos de guardar su inventario de semillas, puede que tengan que adaptarse de otras maneras, tales como alimentarse con variedades de alimentos menos caras o menos preferidas hasta la siguiente cosecha.

2. **Cumplir con las necesidades básicas:** Después de una crisis, el suplir las necesidades básicas, tales como alimentos, agua, cuidados de salud y alojamiento serán la prioridad. Es de vital importancia que las intervenciones posteriores a la crisis inicien antes de que los beneficiarios se vean obligados a consumir o vender los activos productivos para suplir sus necesidades básicas. Aunque algunas de las poblaciones afectadas hayan vendido los activos de manera inmediata después de la crisis, los programas pueden intervenir para prevenir el consumo futuro de los activos. Debe prestarse atención especial a los calendarios estacionales, ya que las repercusiones pueden ser más severas y de larga duración cuando las intervenciones agrícolas se dan demasiado tarde. Las transferencias de efectivo, vales o apoyo en especie deben tener como objetivo el suplir las necesidades básicas y estar diseñadas para alentar la protección, el mantenimiento y, cuando sea posible, el crecimiento de los activos productivos.

Ejemplo de programación receptiva a las normas: Inmediatamente después de un huracán, una costurera vende hilo y tela para poder comprar alimentos para sus hijos. Sin estos artículos o dinero para reemplazarlos, su máquina de coser es ahora inservible. Un programa provee transferencias en efectivo para que los hogares vulnerables puedan comprar alimentos y artículos esenciales no alimentarios. La transferencia oportuna de efectivo evita que ella se vea obligada a vender su máquina de coser, permitiéndole comprar alimentos para sus hijos y permitiéndole comprar telas e hilo para reiniciar su negocio.

Ejemplo de mala programación: Una inundación viene poco tiempo después de una época de siembra mayor. Los agricultores en el área usualmente conservan semilla para la siembra de la siguiente estación, pero la mayoría de sus almacenes fueron destruidos. Los programas inmediatos proveen alimentos y alojamiento, pero el programa agrícola para facilitar el acceso a semilla no viene a tiempo para la época de siembra. Como resultado, los agricultores siembran menos de lo usual, dañando tanto los ingresos de los agricultores como la seguridad alimentaria para el año siguiente.

3. **Mayor resistencia:** Para abordar la protección de los activos de manera integral, los programas deben incluir estrategias de reducción del riesgo de desastres. Como mínimo, los programas deben buscar reducir la vulnerabilidad de los beneficiarios a las crisis futuras, lo cual fortalecerá el impacto de las intervenciones iniciales posteriores a la crisis. Los beneficiarios deben poder proteger sus activos del impacto de choques futuros. Dependiendo de las actividades de medios de vida de los beneficiarios objetivo, estas intervenciones pueden ir desde fortalecer vínculos a los servicios financieros (p. ej. seguros o ahorros seguros) hasta la rehabilitación de los canales de irrigación e instalación de estructuras de conservación de suelos.

Ejemplo de programación receptiva a las normas: Después de una inundación, un programa provee transferencias en efectivo para que los hogares afectados puedan suplir sus necesidades básicas y pagarle a los trabajadores agrícolas. Para complementar la transferencia de efectivo, el programa brinda capacitación sobre las técnicas adecuadas para la construcción de canales de irrigación sostenibles. El efectivo permite que los agricultores suplan sus necesidades básicas y evita el consumo de la semilla almacenada. Los componentes de capacitación y apoyo a la mano de obra disminuyen la vulnerabilidad del agricultor a inundaciones futuras, protegiendo así los activos y las inversiones del impacto de choques futuros.

4. **Medición de la retención de los activos:** De manera ideal, los programas de activos pueden demostrar que sus actividades dan como resultado mayores niveles de protección de activos y mejoran la resistencia a las crisis en el futuro. Sin embargo, muchos programas de activos no continúan por tiempo suficiente como para medir este nivel de impacto. Donde existen programas de largo plazo que ayudan a las comunidades

a responder a las numerosas crisis en un período de tiempo largo (por ejemplo, los programas que ayudan a las comunidades a tratar con las inundaciones monzónicas anuales o las crisis relacionadas con el cambio climático), este tipo de medidas del impacto son extremadamente valiosas.

Remarques

1   *Fuente:* LIFT.
2   Para mayor información, vea el *Manual Esfera* (edición 2011, próxima), Norma de transferencia de efectivo y cupones 1.
3   Vea la Norma esencial 5, particularmente la Nota de orientación 3.
4   Vea las Normas en materia de valoración y análisis.
5   Ver también la Norma esencial 4, la Nota de orientación 5.
6   Vea la Norma esencial 4.

Apéndice a las normas en materia de activos productivos

Creti, Pantaleo y Susanne Jaspars, eds. 2006. Cash Transfer Programming in Emergencies. Oxford: Oxfam GB.

Gore, Radhika y Mahesh Patel. 2006. Cash Transfers in Emergencies: A Review Drawing upon the Tsunami and Other Experiences. Social Policy and Eco- nomic Analysis. Bangkok: UNICEF, Oficina Regional del Asia Oriental y Pacífico.

Harvey, P. 2005. Cash and Vouchers in Emergencies. HPG Discussion Paper. Londres: Overseas Development Institute, Humanitarian Policy Group.

————. 2007. Cash-based Responses in Emergencies. HPG Briefing Paper 25.

London: Overseas Development Institute, Humanitarian Policy Group. http://www.odi.org.uk/resources/hpgpublications/policy-briefs/25-cash-based-responses-emergencies.pdf.

Referencia sobre el uso apropiado del efectivo.

Harvey, Paul, Katherine Haver, Jenny Hoffmann y Brenda Murphy. 2010.

Delivering Money: Cash Transfer Mechanisms in Emergencies. Londres: Cash Learning Partnership.

CICR y la Federación Internacional de Sociedades de la Cruz Roja y la Media Luna Roja. 2007. Guidelines for Cash Transfer Programs. Ginebra: CICR y la Federación Internacional de Sociedades de la Cruz Roja y la Media Luna Roja. http://www.icrc.org/Web/eng/siteeng0.nsf/htmlall/publication-guidelines-cash-transferprogramming/$File/Final-version-of-mouvement-guidelines.pdf.

Herramienta sobre cómo y cuándo implementar los programas de transferencias de efectivo.

LEGS Steering Group. 2009. Livestock Emergency Guidelines and Standards. Bour- ton on Dunsmore, Reino Unido: Practical Action Publishing. http://www.livestock- emergency.net/

Orientación multi-organizacional sobre actividades relacionadas con el ganado en entornos posteriores a la emergencia.

Longley, C., I. Christoplos y T. Slaymaker. 2006. Agricultural Rehabilitation: Mapping the Linkages between Humanitarian Relief, Social Protection, and Development. HPG Research Report 22. Londres: Overseas Development Institute, Humanitarian Policy Group. http://www.odi.org.uk/resources/hpg-publications/reports/22-agricultural-rehabilitation-humanitarianrelief-social-protection-development.pdf.

Aborda las preguntas sobre cómo apoyar la recuperación de los medios de vida en situaciones posteriores al conflicto y proporciona conceptos de protección social para considerarlos en los conceptos posteriores a la emergencia, incluyendo las transferencias de activos y apoyo general de medios de vida.

Maxwell, Daniel, Kate Sadler, Amanda Sim, Mercy Mutonyi, Rebecca Egan y Mackinnon Webster. 2008. Emergency Food Security Interventions: An HPN Good Practice Review. Londres: ODI.

Departamento para el Desarrollo Internacional del Reino Unido. 1999. *Sustainable Livelihood Approach (Sustainable Livelihood Framework).* Seven-part series of Guidance Sheets. Londres: DFID. http://www.eldis.org/index.cfm?objectid=42B0EF43-E4B7-FB32-9CE720C904CB143A&id=2&pageNo=2

```
┌─────────────────────────────────────────┐
│      Normas en materia de empleo          │
└─────────────────────────────────────────┘
                    │
          ┌─────────────────────┐
          │      Norma 1         │
          │      Empleo          │
          │      Decente         │
          └─────────────────────┘
```

6

NORMAS EN MATERIA DE EMPLEO

Las Normas en materia de empleo se relacionan con las actividades que preparan a los individuos para trabajar o generar trabajos, ya sea a corto o largo plazo, a través de proyectos humanitarios y de recuperación económica. No tienen la intención de incluir el empleo del personal del proyecto, aunque muchos puntos pueden ser aplicables. Las actividades de empleo incluyen iniciativas dirigidas a la creación de trabajos temporales, tales como programas de efectivo por trabajo; promover la inserción laboral, como los programas de capacitación vocacional y programas de aprendizaje en el trabajo; y programas de creación de empleos.

Normas en materia de empleo 1: Empleo decente

Las personas tienen acceso equitativo a oportunidades de trabajo decente con remuneración justa y en condiciones de libertad, equidad, seguridad y dignidad humana.[1] Estas oportunidades de empleo no ponen en riesgo los recursos que necesitan para sus medios de vida.[2]

Acciones clave

- Evaluar los mercados laborales locales para conocer sobre los salarios, tendencias estacionales, oferta y demanda para ciertos tipos de mano de obra, y potencial de crecimiento de los mercados laborales específicos a corto y largo plazo. Deben considerarse los patrones rurales y urbanos dentro de los mercados laborales.

- Determinar los aspectos culturales y de seguridad necesarios para tener condiciones laborales seguras y decentes.

- Diseñar programas de empleo que consideran la capacidad y las necesidades a más largo plazo de los beneficiarios (vea la Nota de orientación 1).

- Determinar los niveles de salarios justos basados en la realidad del mercado actual.

- Evaluar el ambiente operativo más amplio e incluirlo como factor en el diseño del proyecto (vea la Nota de orientación 2).

Indicadores clave

- Las intervenciones de empleo a corto plazo usadas para proporcionar fuentes de ingreso inmediato y construir activos (tales como el trabajo por efectivo) se vinculan a una estrategia de empleo a mas largo plazo que promueve el potencial para empleo sostenible en el futuro, cuando sea posible (vea la Nota de orientación 1).

- Las estrategias de los programas y sus actividades correspondientes se basan en el análisis de la oferta y la demanda de mano de obra, productos y servicios con flexibilidad para permitir cambios en las condiciones (vea la Nota de orientación 3).[3]

- El trabajo llevado a cabo cumple con las normas de calidad y sostenibilidad (p. ej. como se establece en las normas mínimas para la respuesta al desastre de Esfera).

- El diseño del programa considera el fortalecimiento de las capacidades individuales e institucionales requeridas para crear empleo sostenible para los grupos objetivo (vea la Nota de orientación 4).

- Las medidas de creación de empleo sostienen y fomentan las condiciones de empleo decentes y justas (vea la Nota de orientación 5).

Notas de orientación

1. **Intervenciones a corto plazo:** En los entornos de crisis, las intervenciones para fomentar el empleo a corto plazo con frecuencia se usan como medios para a) emplear grupos vulnerables o volátiles en el corto plazo, hasta que puedan ser reabsorbidos en el lugar de trabajo; b) inyectar efectivo en la economía local; o c) restaurar la infraestructura local. Donde las intervenciones están diseñadas para proveer empleo únicamente a corto plazo, esta limitación necesita comunicarse claramente a los participantes para manejar las expectativas de empleo a largo plazo. Cuando sea posible, las intervenciones a corto plazo deben apoyarse para fortalecer el potencial del participante para obtener un empleo a más largo plazo. Esto puede lograrse al identificar y transferir destrezas en las intervenciones a corto plazo que mejoren la oportunidad del participante de obtener empleo a largo plazo en las industrias que están creciendo o donde hay una demanda de fuerza laboral aún sin suplir.

Además, las intervenciones de empleo a corto plazo no deben debilitar o minar los recursos comunitarios o ambientales que son importantes para el bienestar económico a largo plazo.

> *Ejemplo de mala programación:* Una organización fortalece las capacidades de una cooperativa de pescadores para mejorar sus técnicas de pesca, pero deja fuera cualquier discusión sobre el impacto ambiental o la sostenibilidad, lo cual da como resultado pesca excesiva en un lago de agua dulce.

2. **Entorno operativo:** El diseño del programa considera el gobierno local y las instituciones públicas, así como las normas informales que gobiernan el mercado laboral, para poder fomentar condiciones de trabajo decentes y la sostenibilidad, y para desarrollar un entorno de negocios y de política de apoyo. Esto debe estar incluido en la valoración del mercado laboral (vea la Nota de orientación 3).

3. **Intervenciones basadas en el mercado:** Las estrategias y las intervenciones de los programas deben contar con información proveniente de la investigación de las tendencias y la demanda del mercado. La investigación para determinar la demanda incluye examinar las fuentes actuales y emergentes de empleo en la economía local, la absorción potencial de los que están recibiendo capacitación en los programas de empleo, los niveles de competencia y las certificaciones requeridas por los que se están capacitando para entrar en el mercado laboral, y los sistemas y recursos existentes para el desarrollo de la fuerza laboral en los sectores público y privado. Debe consultarse al sector privado y, cuando sea posible, éste debe incluirse como socio para asegurar que las destrezas desarrolladas suplan las demandas del mercado y provean oportunidades de colocación, ayuda de mentores y desarrollo constante de la fuerza laboral cuando la intervención haya concluido. También es necesario el monitoreo regular para asegurar la respuesta a las tendencias del mercado, con mecanismos implementados para actualizar las intervenciones de la fuerza laboral a medida que se identifiquen las tendencias nuevas o cambiantes.

4. **Desarrollo del capital humano:** Al identificar opciones de empleo viables, deben considerarse las destrezas y el conocimiento requerido para cumplir con los requisitos de empleo, y la factibilidad de hacerlo, con capacitación y otro tipo de apoyo. Las necesidades pueden ser mayores para los grupos en desventaja y vulnerables. Esto puede descartar ciertas oportunidades a pesar de su potencial. Los programas también deben analizar la necesidad de proveer capacitación en habilidades para la

vida, como alfabetización, liderazgo y comunicación, así como apoyo psicológico y social y consejería. Los proveedores de capacitación y los capacitadores deben estar equipados con las habilidades, las actitudes y el conocimiento para capacitar eficazmente a otros en programas de capacitación pertinentes. Donde sea posible, los proyectos deben vincularse con institutos de capacitación vocacional e iniciativas gubernamentales. Las necesidades de capacitación también deben monitorearse regularmente para cumplir con la demanda laboral y sus cambios con el tiempo y con la evolución del contexto postcrisis.

5. **Calidad del empleo:** Al evaluar las oportunidades de empleo, deben considerarse los siguientes factores:

   - El nivel de remuneración es adecuado, tomando en cuenta la escala laboral local y cualquier coordinación de escalas salariales por parte de agencias internacionales. Las escalas salariales que se encuentran arriba del mercado atraerán a los trabajadores del sector privado local y a los actores agrícolas, y darán como resultado desempleo de más largo plazo, cierres empresariales y otros efectos negativos. Los pagos por trabajo remunerado son oportunos y regulares.

Ejemplo de mala programación: En Myanmar, después del ciclón Nargis en el 2008, las agencias de ayuda realizaron programas de efectivo por trabajo para ayudar a los aldeanos a reconstruir sus hogares y activos. Las escalas salariales se establecieron por arriba de las de mercado para ayudar a las personas a recuperarse más rápidamente. Sin embargo, esto significó que los agricultores locales no pudieran contratar trabajadores agrícolas para ayudar en la cosecha de sus cultivos porque los tiempos del proyecto y las escalas salariales ofrecidas por las organizaciones humanitarias hicieron que la mano de obra fuera muy cara y las pusieron en competencia directa con los agricultores.

   - Se han implementado procedimientos para proveer y promover un ambiente de trabajo seguro, incluyendo el traslado de manera segura desde y hacia el lugar de trabajo. Esto incluye consideraciones de género, origen étnico y otras categorías especiales.

   - El empleo se selecciona de manera libre, es respetuoso de la dignidad humana y ofrece oportunidades de desarrollo personal. Por ejemplo, las estrategias del programa también deben considerar la protección infantil, respetar las edades mínimas laborales y no minar las responsabilidades que tienen las personas para cuidar de su hogar.

- Las oportunidades de empleo son igualmente accesibles para mujeres y para hombres, para quienes tienen diferente origen étnico, para jóvenes con suficiente edad para trabajar y para todos los grupos en una comunidad, incluyendo (donde sea pertinente) las comunidades beneficiarias, los desplazados internos, los refugiados, los repatriados y los combatientes desmovilizados.[4] Esto no significa necesariamente que las mujeres y los hombres (u otros grupos) sean capacitados en las mismas vocaciones. Simplemente significa que tendrán acceso equitativo a las oportunidades.

Ejemplo de programación receptiva a las normas: Un proyecto provee capacitación vocacional para combatientes desmovilizados en una cultura donde tradicionalmente sólo los hombres entran a ciertas vocaciones. Tanto hombres como mujeres tienen la libertad de seleccionar cualquiera de las opciones. Las mujeres que deciden ingresar a una vocación "no-tradicional" comprenden plenamente la probabilidad de ganarse la vida en esta vocación, dadas las actitudes culturales. Ellas recibieron capacitación en la comercialización de sus habilidades y son presentadas con los empleadores dispuestos a contratar mujeres en un ambiente de trabajo seguro.

- El empleo respeta las leyes y costumbres locales, donde éstas no contravienen las normas internacionales y los criterios de calidad mencionados aquí.

Remarques

1. *ilo.org,* "About ILO: Decent work for all," http://www.ilo.org/global/About_the_ILO/Main-pillars/WhatisDecentWork/lang--en/index.htm
2. Definición basada en el *Manual Esfera* (edición 2011, próxima), Norma 2 sobre seguridad alimentaria – medios de subsistencia: ingresos y empleo.
3. Para más información, vea el *Manual Esfera* (edición 2011, próxima), Norma 3 sobre seguridad alimentaria: Acceso a los mercados.
4. See *Sphere Handbook* (2011 edition, forthcoming), Food Security and Livelihoods standard 2: Income and Employment for more information.

Apéndice a las Normas en materia de empleo

Beasley, Kenneth. 2006. Job Creation in Post-Conflict Societies. Issues Paper, no. 9. PN-ADE-194. Washington, DC: USAID, Center for Development Information and Evaluation. http://pdf.dec.org/pdf_docs/PNADE194.pdf

Global Reporting Initiative. n.d. Documento en línea. Labor Practices, and Decent Work. In *Sustainability Reporting Guidelines*. http://www.globalreporting.org/NR/rdonlyres/ED9E9B36-AB54-4DE1-BFF2-5F735235CA44/0/G3_Guide- linesENU.pdf

OIT. 1998. Documento en línea. Declaración relativa a los pricipios y derechos fundamentaleseneltrabajo.http://www.ilo.org/dyn/declaris/DECLARATIONWEB. static_jump?var_language=EN&var_pagename=DECLARATIONTEXT SHA

———. 1998. Documento en línea. Directivas de género para el empleo y la formación profesional en los países afectados por conflictos. http://www.ilo.org/employment/Whatwedo/Publications/lang--en/docName--WCMS_115909/index.htm

———. Documento en línea. Convenciones básicas de la OIT. http://www.labourstart.org/rights/#en

Proyecto Esfera. 2004. Documento en línea. "Normas mínimas sobre seguridad alimentaria, nutrición y ayuda alimentaria." En la *Carta humanitaria y Normas mínimas para la respuesta humanitaria*. http://www.sphere-project.org/content/view/27/84/ lang,English/

Organización de las Naciones Unidas. 2009. Documento en línea. "Employment Creation, Income Generation, and Reintegration in Post-Conflict Settings." http://www.enterprise- development.org/download.aspx?id=1246

Pacto Global de las Naciones Unidas. Sitio en la red. http://www.unglobal-compact.org/Issues/La- bour/index.html

Recursos sobre el fomento de principios relacionados con el trabajo.

Comisión de Mujeres para Mujeres y Niños Refugiados. 2009. Building Livelihoods: A Field Manual for Practitioners in Humanitarian Settings. Salt Lake City, UT, EUA: Comisión de Mujeres para Mujeres y Niños Refugiados. http://www.womensrefugeecommission.org/programs/livelihoods.

———. 2008. Documento en línea. Market Assessment Toolkit for Vocational Train ing Providers and Youth: Linking Vocational Training Programs to Market Opportunities." Informe preparado por School of International and Public Affairs, Columbia University. http://www.womenscommission.org/pdf/ug_ysl_toolkit.pdf

```
┌─────────────────────────────────────────────┐
│  Normas en materia de desarrollo empresarial  │
└─────────────────────────────────────────────┘
                        │
        ┌───────────────┼───────────────┐
        │               │               │
┌───────────────┐┌───────────────┐┌───────────────┐
│   Norma 1     ││   Norma 2     ││   Norma 3     │
│  Comprensión  ││ Sostenibilidad││   Apoyar la   │
│ de los riesgos││  del impacto  ││  viabilidad y │
│ y los retornos││  del programa ││ el crecimiento│
│  del mercado  ││               ││ de las empresas│
│               ││               ││               │
└───────────────┘└───────────────┘└───────────────┘
```

7

NORMAS EN MATERIA DE DESARROLLO EMPRESARIAL

Para propósitos de estas directrices, el desarrollo empresarial implica el apoyo económico a las actividades tanto de personas como negocios, que van desde el trabajo por cuenta propia hasta las operaciones comerciales grandes, sean formales o informales. Puede incluir el apoyo directo a negocios, pero también puede referirse a intervenciones que ayudan a un sistema de mercado o una cadena de valor completa a funcionar de manera más eficaz, y de modo que ayude a los beneficiarios objetivo a elevar sus ingresos.

Estos son ejemplos del desarrollo empresarial:

- Ayudar a que la información comercial fluya más fácilmente a través del sistema del mercado y esté accesible a una amplia gama de negocios (p. ej., preferencias en la calidad del producto, niveles de precios, cantidades específicas o tipos de bienes deseados)

- Ayudar a las personas individuales a iniciar su negocio en un mercado viable (p. ej., al brindar capacitación o activos a las personas para que se vuelvan trabajadores de la salud animal o albañiles o agentes de ventas)

- Presentar o fortalecer las relaciones entre las partes interesadas a diferentes niveles en el mercado (productores a compradores, transportistas a mayoristas)

- Fortalecer la relación entre las partes interesadas en el mismo nivel del sistema de mercado para poder mejorar la eficiencia o calidad (p. ej., patrocinar una convención de mayoristas o importadores en un mercado dado)

- Motivar a los demás a proveer, o en ocasiones proveer directamente, servicios que los negocios necesitan (p. ej., finanzas especializadas, servicios veterinarios para pastores, etc.)

- Tratar de aumentar la demanda de un producto, de manera local o en el extranjero (p. ej., ferias, competencias, incidencia en exportación) para poder beneficiar a todos en el sistema del mercado

- Fomentar la transparencia y la responsabilidad para erradicar la corrupción y otras prácticas que inhiben los negocios lícitos

Normas en materia de desarrollo empresarial: Comprensión de los riesgos y los retornos del mercado

Las actividades de desarrollo empresarial se basan en una evaluación periódica del mercado y se realizan con una comprensión de la rentabilidad, el entorno habilitante y los retornos y riesgos potenciales.

Acciones clave

- Realizar análisis previo a la selección de los mercados y las empresas para las actividades de los programas.[1]

- Identificar a los socios potenciales (tales como empresas líderes) cuando se realicen las valoraciones y análisis.

- Compartir y discutir los hallazgos del análisis con las comunidades afectadas; tener en mente cómo puede afectarse a las poblaciones específicas (p. ej., mujeres, agricultores, grupos vulnerables).

- Evaluar si los programas incrementan y estabilizan los ingresos y tener cuidado de considerar los cambios en el mercado con el tiempo.

- Incorporar los hallazgos al diseño del programa y evitar crear un exceso de oferta.

Indicadores clave

- Las actividades del programa reciben información de las valoraciones básicas financieras y de mercado de las empresas o los mercados que apoyan. Estas valoraciones indican que las empresas serán rentables y viables, tanto en términos de ingresos como de riesgo (vea la Nota de orientación 1).

- Los análisis financieros y de mercado se hacen de manera que incluyan a las comunidades y las empresas que afectan (vea la Nota de orientación 2), permitiéndoles que ponderen los riesgos y retornos potenciales.

- Las estrategias de mitigación de riesgo se incorporan a los programas donde sea posible para ayudar a las empresas a prepararse para eventos potenciales que puedan minar su negocio (vea la Nota de orientación 2).

- Las personas que trabajan por cuenta propia y las empresas que pertenecen a los hogares potencialmente vulnerables tienen el conocimiento para tomar decisiones informadas en relación con la especialización o diversificación de sus actividades empresariales (vea la Nota de orientación 3).

- Las valoraciones y los análisis se actualizan periódicamente y las actividades de los programas se ajustan según sea el caso (vea la Nota de orientación 1 y las Normas en materia de valoración y análisis).

Notas de orientación

1. **Factibilidad financiera de las empresas apoyadas:** Cuando se evalúa la rentabilidad potencial, deben evaluarse las perspectivas del negocio a corto y mediano plazo, sobre la base de la demanda prevista y la capacidad para competir. La profundidad de este análisis dependerá del tamaño y la complejidad de la(s) empresa(s) o del mercado donde funciona el programa. Un análisis financiero determinará la rentabilidad potencial del negocio, mientras que un análisis de mercado evaluará la capacidad del sistema de mercado y el desempeño por medio de la revisión de los volúmenes de producción y comercio, las tendencias de la demanda, la integración del mercado, la competitividad, la disponibilidad de servicios y los insumos requeridos para la operación, y la gobernabilidad. (Vea la Norma en materia de valoración y análisis 1 para obtener mayor orientación sobre cómo realizar un análisis de mercado.) Un análisis de mercado debe también identificar a las empresas líderes o líderes del mercado para que, donde sea posible, las actividades se implementen a través de la asociación y la facilitación, en lugar de la implementación directa (Vea la Norma en materia de desarrollo empresarial 2).

   Las proyecciones de las ganancias potenciales deben tomar en cuenta la posibilidad de que el negocio pueda ser vulnerable a la "ola de ayuda humanitaria", cuando las empresas e industrias (como los restaurantes o compañías de construcción y transporte) sólo son viables cuando los fondos y los trabajadores de ayuda humanitaria son parte de la economía. Se debe tener cuidado cuando se ayuda a este tipo de empresas. Sería mejor considerar otras actividades e industrias que pueden ser más sostenibles. El enmarcar las estrategias alternativas en los diferentes escenarios puede ser útil, especialmente en entornos volátiles.

2. **Involucrar a las comunidades en los análisis:** Un análisis debe incluir los puntos de vista y las opiniones de las empresas y las personas objeto de la asistencia. El incluir a los beneficiarios en el análisis les ayudará a entender los riesgos y los retornos potenciales a corto y largo plazo, ayudándoles a tomar decisiones informadas sobre sus vidas y perspectivas. Ayudará a asegurar que la información y las suposiciones usadas en el análisis sean confiables. Los programas necesitan entender qué recursos tienen disponibles los beneficiarios, el desempeño de los negocios a la fecha y el nivel de riesgo que ellos están dispuestos a tomar. Cuando tanto las agencias como los dueños de los negocios comprenden el análisis, están en una mejor posición para hacer decisiones informadas sobre si el negocio es viable y si tiene sentido apoyar su rehabilitación. Esto reduce el riesgo de apoyar actividades que pueden empobrecer aún más a los hogares (vea la Norma esencial 1 y la Norma esencial 4).

Ejemplo de prácticas receptivas a las normas: La valoración del mercado EMMA en Puerto Príncipe después del terremoto de Haití en el 2010, estudió el sistema de merado para materiales para techos. Al hablar con los beneficiarios potenciales, los proveedores pequeños de materiales para la construcción, los importadores grandes de materiales para la construcción, así como las agencias gubernamentales y humanitarias, los analistas pudieron obtener una buena idea de las necesidades y las demandas futuras de los materiales para techo. Al hablar con los analistas y revisar el mapa del mercado, las personas que trabajaban en el negocio de materiales para techos pudieron entender mejor cómo podía impactar su competitividad el papel de los demás en el sistema de mercado. Esto ayudó a que tomaran decisiones mejor informadas sobre sus negocios.

Fuente: Evaluación CGI EMMA para Puerto Príncipe, Febrero 2010 http://albu.myzen.co.uk/word-ress/wp-content/uploads/2010/02/ EMMA-Haiti-report-Corrugated-Iron-Market2.pdf

3. **Decisiones empresariales informadas:** El empezar con nuevas actividades o el expandir la actividad económica al costo de no involucrarse en otras puede hacer que las empresas y los hogares asociados sean más vulnerables. Al evaluar la decisión de recomendar que una empresa se especialice, los programas deben considerar el potencial de ingreso, así como el riesgo de descontinuar las otras actividades, para determinar si las empresas y los hogares podrán sobrellevar dicho riesgo. Las empresas y los hogares también pueden identificar y luego planificar otros medios para manejar el riesgo, si reciben asistencia para obtener acceso a la información y los recursos necesarios para hacerlo.

Ejemplo de mala práctica: Un programa de agroindustria vincula a los pequeños agricultores con un procesador de papas fritas. Los pequeños agricultores optan por dejar la rotación de siembras para especializarse en la variedad de papas solicitada por el procesador, con la promesa de grandes retornos por la cosecha. Dos años después, el una plaga mata todos los sembrios de papa y, por lo tanto, sus ganancias para el año, deján-doles sin siembras alternativas para tener un ingreso seguro y medios para alimentar a sus familias. La agencia que implementó el programa debió haber proporcionado mejor información a los agricultores sobre los riesgos de especializarse en una sola variedad de papas, y ayudarles a buscar medios para mitigar el riesgo. Por ejemplo, pudieron haber sembrado papas, así como uno o dos cultivos de alto valor, en lugar de enfocarse en un solo sembrio de alto valor.

Norma en materia de desarrollo empresarial 2: Sostenibilidad del impacto del programa

Las organizaciones diseñan e implementan actividades de desarrollo empresarial teniendo en mente la sostenibilidad a largo plazo.

Acciones clave

- Crear o fortalecer relaciones de beneficio mutuo entre empresas.

- Examinar los vínculos horizontales y verticales entre empresas (vea la Nota de orientación 1).

- Buscar líderes existentes en el mercado u otras empresas que puedan ser socios potenciales para la implementación del programa (vea la Nota de orientación 2).

- Realizar revisiones periódicas del programa y ajustar las actividades del programa de acuerdo a los hallazgos.

Indicadores clave

- Los programas involucran al sector privado como socios y evitan entrar al mercado directamente. Cuando deben hacerlo, se aseguran que exista una estrategia de salida implementada desde el inicio (vea la Nota de orientación 2).

- Las soluciones a corto plazo están diseñadas para facilitar los objetivos a largo plazo (vea la Nota de orientación 3).

- Los subsidios tienen una duración limitada, reciben información del análisis y se usan de manera selectiva para estimular una respuesta del mercado (vea la Nota de orientación 3).

- Los programas están diseñados para ser flexibles y responder a los cambios en el sistema de mercado o el entorno habilitante (vea la Nota de orientación 4).

Notas de orientación

1. **Vínculos horizontales y verticales:** Ningún negocio opera de manera aislada, incluso una empresa muy pequeña que se maneja desde el hogar. Los vínculos "horizontales" se refieren a las relaciones con otros negocios o actores del mercado al mismo nivel del mercado (p. ej., dos minoristas), en tanto que los vínculos "verticales" se refieren a las relaciones entre actores del mercado a diferentes niveles del sistema de mercado (p. ej., de un proveedor a un comprador, de un importador a un mayorista). El estudio de estos vínculos ayuda a los programas a comprender dónde se encuentran las relaciones beneficiosas, las ineficiencias o las dinámicas injustas, y a identificar los mejores medios para apoyar a los negocios beneficiarios a tener éxito (vea la Norma esencial 5).

2. **Asociarse con los líderes del sector privado:** Al inicio de un programa de desarrollo empresarial, deben implementarse planes para identificar, asociarse y fortalecer las capacidades de las empresas privadas existentes; el programa debe tener cuidado de ingresar directamente en la cadena de mercado y proveer productos o servicios. Mientras que la intervención directa en el mercado puede cerrar una brecha o "impulsar" un mercado, presenta riesgos a la sostenibilidad del mercado. Las intervenciones directas crean dependencia y retrasan el surgimiento de soluciones del sector privado para los problemas de la industria. Por lo tanto, deben evitarse cuando sea posible. Cuando no hay actores en el mercado que estén dispuestos o sean capaces de jugar un papel particular en la cadena, los servicios provistos por un proyecto no deben subsidiarse y deben entregarse a las empresas privadas cuanto antes.

   El involucrarse con el sector privado también es fundamental para construir un sentimiento de pertenencia dentro de la comunidad de negocios y las empresas objetivo. Ofrece la oportunidad de traer experiencia y recursos adicionales. Las empresas existentes, ya sea compradores, procesadores o productores, pueden proveer el liderazgo sostenible necesario para impulsar la innovación.

Las oportunidades y las limitaciones del mercado generalmente requieren una respuesta coordinada por las empresas en una industria o subsector, la cual hace necesaria la confianza y la disposición para colaborar. La programación debería tener los medios para fortalecer la colaboración y las relaciones entre los actores del mercado y entre las empresas objetivo y los individuos (vea la Norma esencial 4).

3. **Intervenciones a corto plazo:** La mayoría de las actividades posteriores a la crisis se centran en abordar las necesidades inmediatas. Sin embargo, las emergencias también dañan las funciones del mercado y las redes de comercio. Puede causarse daño adicional si las intervenciones humanitarias no consideran el potencial del sector privado local para participar en la recuperación, así como sus necesidades de recuperación. Las actividades a corto plazo que no se basan en el mercado tienen la probabilidad de minar los aspectos de recuperación futura y de destruir potencialmente los medios de vida. Todos los diseños de proyectos deben considerar el impacto a largo plazo de sus actividades en el sector privado local y sus comunidades (vea las Normas esenciales 1 y 4).

Los subsidios distorsionan el mercado y deben evitarse cuando sea posible. Si fuera absolutamente necesario, las organizaciones deben planificar desde el inicio el retiro de los subsidios y comunicar esto claramente a los beneficiarios y otras partes interesadas. Los subsidios pueden ser eficaces, por ejemplo, al ayudar a reemplazar los activos o al demostrar el potencial de una tecnología mejorada. Sin embargo, los subsidios no son sostenibles y deben tener un tiempo limitado y usarse de manera selectiva.

Ejemplo de un subsidio bien planificado: Una organización, a través de socios del sector privado local, financia conjuntamente una feria de comercio que trae a varios actores del sector de ajonjolí. El apoyo de la organización también provee un descuento para las primeras 10 personas que compren un nuevo tipo de equipo para procesar el aceite de ajonjolí.

Ejemplo de un subsidio mal planificado: Una organización brinda un donación a un procesador de jugos para comprar equipo nuevo. Después de comprarlo, sin embargo, la empresa se dio cuenta que no pueden surtir el volumen y el tipo de tomates necesarios para operar la máquina a toda capacidad por lo que los agricultores locales prefieren vender variedades locales al mercado de productos frescos.

4. **Flexibilidad del programa:** Los programas deben incluir evaluaciones periódicas, usar indicadores que tomen en cuenta los cambios del mercado y tener la capacidad de redistribuir los recursos de acuerdo a las oportunidades y restricciones identificadas. Los donantes y agencias que implementan tienen la responsabilidad conjunta de responder a las realidades del mercado (vea la Norma esencial 1).

Ejemplo de programación receptiva a las normas: Para un programa cuyo objetivo es ayudar a los agricultores a aumentar sus ingresos, los indicadores, tales como "número de trabajos creados" o "aumento promedio en ingresos del hogar", son más flexibles que el "número de agricultores de algodón ayudados". Esto se debe a que trabajar directamente con los agricultores de algodón puede no ser la mejor manera de intervenir. Un programa puede determinar a través de evaluaciones de mercado regulares, por ejemplo, que es mejor trabajar con los procesadores de algodón para lograr la meta de aumentar los ingresos de los hogares rurales.

Ejemplo de programación receptiva a las normas: Un donante acuerda que aunque los indicadores y los resultados deben permanecer iguales, se permite un alto nivel de flexibilidad del presupuesto para que una organización pueda redistribuir los recursos conforme cambia el mercado con el tiempo.

Norma en materia de desarrollo empresarial 3: Apoyar la viabilidad y el crecimiento de las empresas

Los programas abordan las necesidades críticas para la viabilidad y el crecimiento de las empresas.

Acciones clave

- Usar el análisis de mercado para evaluar cómo las actividades con diferentes actores en el sistema de mercado pueden beneficiar a su población objetivo.[2]

- Desarrollar actividades programáticas usando un análisis que incluya información sobre los servicios de apoyo disponibles.[3]

- Identificar los asuntos legales y regulatorios pertinentes a los sectores o empresas seleccionados como beneficiarios.

- Desarrollar medios para asegurar que las empresas estén conscientes de los temas legales y regulatorios pertinentes.

Indicadores clave

- Los programas deben aumentar los ingresos para apoyar la viabilidad y el crecimiento de las empresas y las comunidades (vea la Nota de orientación 1).

- Las empresas están vinculadas a los servicios de apoyo empresarial (vea la Nota de orientación 2).

- Los programas consideran intervenciones en los diversos niveles del sistema de mercado (vea la Nota de orientación 3).

- Las empresas tienen acceso a información confiable del mercado (vea la Nota de orientación 4).

- Las empresas están conscientes de la normativa pertinente y pueden cumplirla en la medida de lo posible (vea las Notas de orientación 5 y 6).

- Se alienta a las empresas a operar de manera responsable en lo social y ambiental (vea la Nota de orientación 7)

Notas de orientación

1. **Aumento de los ingresos:** Todos los programas de recuperación económica deben aumentar los ingresos de manera directa o indirecta, o al menos hacerlos más estables. Cualquier programa que no haga esto, probablemente es un programa diseñado para beneficio social en lugar de desarrollo empresarial, y debe describirse como tal. Para muchos negocios, especialmente para la micro y pequeña empresa y los negocios más grandes, este concepto puede describirse en términos de crecimiento y competitividad. Sin embargo, el resultado final seguirá siendo mejores ingresos y más estables. El éxito de las empresas y las comunidades depende de las fuentes de ingresos confiables y diversas.

2. **Vincular a las empresas con proveedores de servicios empresariales:** Las empresas son parte de sistemas de mercado más amplios y necesitan tener acceso a una amplia gama de productos y servicios para tener éxito. El transporte, las finanzas, el almacenamiento y los servicios de reparación son ejemplos de servicios empresariales que una empresa puede necesitar para tener éxito. Las evaluaciones de mercado deben incluir información sobre los servicios que existen y cómo se utilizan. Si los servicios esenciales no están disponibles o no son accesibles y no se pueden pagar, entonces puede que no sea viable apoyar dicha empresa

(vea la Norma en materia de desarrollo empresarial 1 y la Norma esencial 1). Debe darse consideración especial a la vinculación de las empresas con los servicios financieros (vea las Normas de servicios financieros).

Ejemplo de programación receptiva a las normas: Las comunidades empresariales con frecuencia encuentran útil imprimir directorios empresariales para ayudar a las empresas a encontrar otros negocios y servicios de apoyo en el mismo mercado, sector o ubicación. Las ferias comerciales son otra manera común de juntar a quienes se benefician de los servicios de apoyo con los que proveen esos servicios.

Fuente: RDI

3. **Evaluación de los medios de asistencia directa e indirecta:** Los programas deben considerar trabajar en varios puntos en el sistema de mercado o la cadena de valor para mejorar la eficacia de las intervenciones. Las actividades que se implementan con procesadoras, mayoristas o gobiernos pueden brindar tanto beneficio a la población objetivo como las intervenciones directas (vea la Norma esencial 5).

Ejemplo de programación receptiva a la normativa:

(a) Para poder apoyar a los agricultores pobres en Azerbaiyán, IRC reparó el cableado eléctrico hacia un molino de granos cercano, lo que redujo significativamente la distancia (y por lo tanto el costo) de transporte para los agricultores para moler su trigo. Como resultado, las ganancias en la agricultura aumentaron. El subproducto de la molienda se usó como forraje para animales, por lo tanto, mejoró el estado nutricional del ganado local, ya que había disponibilidad de alimento barato.

Fuente: Entrevistas con el personal del Comité Internacional de Rescate (IRC, por sus siglas en inglés).

(b) En Haití, los costos para artículos alimentarios básicos aumentaron en áreas donde pequeños mayoristas no tenían donde almacenar bienes al por mayor. Al apoyar la reparación de los depósitos pequeños para almacenaje, las organizaciones ayudaron a reducir los costos de los alimentos básicos para los consumidores más pobres. Los mayoristas una vez más pudieron comprar a granel y vender a mejores precios, por lo que mejoró la seguridad alimentaria en el área (más personas pudieron comprar sus bienes). Ya que vendían más, el mayorista aumentó sus ganancias.

Fuente: Entrevistas con el personal del Comité Internacional de Rescate.

4. **Información del mercado:** Los programas deben asegurar que las empresas y las personas beneficiarias tengan acceso a información de mercado regular y confiable. Esto incluye saber quién está comprando los bienes y servicios en cuestión, la cantidad y especificaciones de calidad que prefieren, qué precio están dispuestos a pagar los diferentes compradores, a dónde ir para comprar los suministros o servicios necesarios, qué precios cambian de manera estacional, qué normativa administrativa y fiscal deben cumplir, y otra información. Sin embargo, por muchas razones (áreas remotas, falta de acceso a tecnología de comunicación, malos entendidos o información desactualizada, o competencia), esta información importante no "fluye" a través del sistema de mercado como debería. Sin esto, una empresa se arriesga a tomar decisiones empresariales sin información y potencialmente a perder dinero. De hecho, los programas de desarrollo empresarial algunas veces se centran exclusivamente en mejorar el flujo de información de mercado, con éxito considerable.

Ejemplo de programación receptiva a la normativa: Los pescadores en Indonesia solían llevar sus botes al puerto cerca de sus casas al final del día y vender la pesca a agentes que esperaban en el muelle. Un proyecto los ayudó a adquirir celulares. Ahora, cuando llegan cerca del muelle, llaman a los agentes de varios puertos en la costa y llevan lo que pescaron a quien les dará el mejor precio ese día.

Fuente: The Economist, 2009, "Mobile Marvels," 26 de septiembre de 2009.

5. **Marco regulatorio para las empresas:** Las organizaciones comprometidas a desarrollar empresas deben tener conocimiento del marco regulatorio para los mercados en los cuales operan y asegurar, hasta donde sea posible, que las empresas con las que trabajan son legales y cumplen las leyes. Esto incluye cumplir con las licencias, impuestos y otras leyes requeridas.

SI el entorno habilitante tolera la informalidad generalizada, entonces los programas pueden trabajar con empresas informales, pero deben, cuando sea posible, apoyar una agenda de incidencia y política que promueva una infraestructura más formal. En mercados informales, con frecuencia hay requerimientos informales para operar que están controlados y reforzados a través de redes sociales y vínculos a quienes tienen el poder en el mercado. Debe comprenderse cómo afectan la viabilidad de los negocios y medios de vida objetivo y tomarse en cuenta en la programación.

La reglamentación y los procedimientos relativos a los negocios pueden producir incentivos así como desalentar la creación y conducción de los negocios. Debido a la debilidad institucional en entornos posteriores al conflicto y la reducción de la capacidad para aplicar las leyes, la aplicación de dichas normas puede ser un desafío aún mayor, confuso y poco transparente. Tales condiciones representan un obstáculo para la recuperación del negocio y deben eliminarse gradualmente al introducir incentivos apropiados y crear capacidades institucionales adecuadas. Mientras que el tema debe abordarse a nivel del gobierno central, pueden descentralizarse las medidas específicas, siempre que exista capacidad local para aplicarlas.[4]

Ejemplo de mala programación: Una organización apoyó a los agricultores en un área fronteriza de la Costa de Marfil para incrementar la producción de cacahuate y vender su cosecha en el país vecino de Ghana. Cuando el gobierno aprobó una política de que los cacahuates no se podrían exportar debido a preocupaciones de seguridad alimentaria, tanto el programa como los agricultores sufrieron porque los agricultores tenían una mayor cantidad de lo que se podría consumir en el mercado local y transportarlo dentro del país era demasiado caro. Si las organizaciones hubieran realizado las investigaciones correspondientes, se habrían dado cuenta que esta política estaba en discusión en el parlamento y habrían podido diseñar un proyecto para mitigar el riesgo para los productores de cacahuate.

6. **Transparencia y rendición de cuentas:** La transparencia y la rendición de cuentas dan como resultado inversiones productivas. La corrupción es una característica común en entornos pos-conflicto por las condiciones existentes que facilitan su generalización. A su vez, la corrupción reduce la credibilidad y el apoyo popular al gobierno, lo que promueve la inestabilidad política y el conflicto. Cuando la corrupción y el abuso del poder público se perciben de manera fuerte y negativa entre la población (p. ej. impuestos ilícitos), los negocios legales tienden a luchar para iniciar y desarrollarse de manera orgánica. La corrupción y el abuso deben abordarse para apoyar el crecimiento de la economía y contribuir a la estabilidad a largo plazo. En los ambientes pos-conflicto, los flujos de ayuda también pueden percibirse como una oportunidad para más negocios ilícitos si son malgastados o desperdiciados.

7. **Empresas responsables:** Las inversiones en negocios "responsables" contribuyen a la paz y la estabilidad. Tales inversiones deben ser transparentes, compatibles con los valores locales y las necesidades de desarrollo, y sensibles al conflicto. Además, las empresas responsables no agotan los recursos naturales; por el contrario, contribuyen de manera activa a su protección y renovación. Se han desarrollado diversos códigos de conducta para las empresas para promover el crecimiento económico, los derechos humanos, la protección ambiental y el desarrollo social. Algunos son específicos del sector (p. ej., petróleo, gas, minerales, metales), y algunos otros están relacionados con las normas laborales.[5]

Remarques

1 Vea también las Normas en materia de valoración y análisis.
2 Vea también la Norma en materia de desarrollo empresarial 1 y las Normas esenciales 1 y 5.
3 Vea también la Norma en materia de desarrollo empresarial 1, la Norma esencial 1 y las Normas en materia de valoración y análisis.
4 OIT, 2010, "Local Economic Recovery in Post-conflict."
5 Vea las convenciones pertinentes de la OIT: Libertad de asociación (C. 87); negociación colectiva (C. 98); abolir el trabajo forzoso (C.105), convención sobre la edad mínima (C. 138), abolir las peores formas de trabajo infantil (C. 182), remuneración equitativa (C. 100), abolir la discriminación (empleo y ocupación) (C. 111), en http://www.ilo.org/ilolex/english/convdisp1.htm.

Apéndice a las Normas en materia de desarrollo empresarial

Gündüz, Canan y Diana Klein. 2008. Conflict-Sensitive Approaches to Value Chain Development. AMAP microREPORT, no. 101. Prepared by International Alert for USAID. Washington, DC: USAID. http://www.microlinks.org/ev02.php?ID=23786_201&ID2=DO_TOPIC

Henning, Rob, Neal Donahue y Margie Brand. 2009. Value Chain End-Market Research Toolkit: Upgrading Value Chain Competitiveness with Informed Choice. Washington, D.C.: USAID. http://www.microlinks.org/ev_en.php?ID=39116_201&ID2=DO_TOPIC

Organización Internacional del Trabajo (OIT). "Local Economic Recovery in Post- Conflict Guidelines." Ginebra: OIT, 2010. http://www.ilo.org/wcmsp5/groups/ public/-ed_emp/documents/instructionalmaterial/wcms_141270.pdf

Miehlbradt, Alexandra O. y Mary McVay. *Implementing Sustainable Private Sector Development: Striving for Tangible Results for the Poor,* The 2006 BDS Reader, ed. Jim Tanburn. Ginebra: OIT, 2006. www.bdsknowledge.org/dyn/ bds/docs/497/PSDReader2006.pdf

Parker, Joan. 2008. A Synthesis of Practical Lessons from Value Chain Projects in Conflict-Affected Areas." AMAP microREPORT, no. 105. Preparado por ACDI/ VOCA para Weidemann Associates y USAID. Washington, DC: USAID. http:// www.microlinks.org/ev02.php?ID=24911_201&ID2=DO_TOPIC

8

GLOSARIO

El presente glosario contiene las definiciones de la terminología de uso común en estas Normas de recuperación económica. Dichas definiciones son de índole reflexiva: el léxico común se basa en definiciones de amplia aceptación en el campo de desarrollo económico, microfinanzas, desarrollo empresarial, modos de subsistencia, desarrollo de mercados, agricultura y seguridad alimentaria. Salvo donde se citan otras fuentes, estas definiciones son adaptadas de la Oficina de Desarrollo de la Microempresa en USAID, vía su sitio Web: www.microlinks.org.

Acceso

En los servicios financieros, el acceso se mide términos del alcance de las instituciones financieras (en cifras) frente a las micro y pequeñas empresas con productos y servicios que éstas pueden utilizar con beneficio. La definición se aplica de modo similar en el desarrollo empresarial, donde el acceso se mide como el número de empresas con acceso beneficioso a los productos y servicios necesarios para sus negocios, incluidos los mercados.

Activos grupales

Son activos que pertenecen formal o informalmente a un grupo de individuos que participan conjuntamente en un negocio. Algunos ejemplos de activos que se suelen manejar de manera colectiva son: los sistemas de riego por goteo o rocío, los equipos de embalaje, las bodegas y los generadores. Las transferencias de activos colectivos suelen ser de mayor escala (en valor y tamaño) que las de activos individuales, por lo que se debe prestar mayor atención antes de la transferencia a la valoración de sus impactos e implicaciones en el mercado local.

Activos productivos

Los activos productivos se definen como los recursos que se usan para generar ingresos y ganancias. Las personas pueden hacer uso de de los activos en dos maneras: (1) pueden ser propietarios o controlarlos de manera directa, o (2) pueden tener acceso a los recursos que no les pertenecen.

Actualización

Hace referencia a un cambio de mentalidad, el perfeccionamiento de destrezas, la elaboración de nuevos diseños o productos en base al conocimiento del cliente final, la utilización de nuevas tecnologías, la adopción de nuevas funciones dentro de la cadena de valor, y otras acciones que resulten en una mayor competitividad. La actualización puede incluir el desarrollo de productos, la transferencia de tecnologías, la capacitación de la fuerza laboral, una efectiva concatenación regresiva con los proveedores, así como el uso de la informática para que las empresas puedan identificar nuevos mercados y competir en los mismos. La organización de micro y pequeñas empresas a menudo constituye un primer paso hacia el establecimiento de concatenaciones regresivas eficaces hacia sus proveedores.

Alcance amplio

Provisión de beneficios relevantes para numerosos miembros un grupo objetivo en particular.

Alcance profundo

La provisión de beneficios relevantes para los miembros especialmente desfavorecidos de un grupo objetivo mayor. En el caso de los programas de desarrollo empresarial, típicamente incluyen los microempresarios más pobres, las mujeres microempresarias, etc.

Análisis de la cadena de valor

Se centra en las dinámicas de los vínculos al interior de un sector productivo, especialmente la manera como se integran a nivel global las empresas y los países. Aunque incluye una descripción de los actores en la cadena de valor y un análisis de las limitantes a lo largo de la cadena (como en los análisis sectoriales tradicionales), supera una importante debilidad en el análisis tradicional, el cual suele ser estático y limitarse al territorio nacional. El análisis de las cadenas de valor se centra en las interrelaciones, por lo que revela el flujo dinámico de las actividades económicas, organizacionales y coercitivas entre los productores al interior de los diferentes sectores, incluso a escala global. (Vea también **Análisis de mercado**)

Análisis de mercados[1]

El proceso de evaluar y comprender los factores y las características clave de un sistema de mercado para poder predecir cómo los precios, la disponibilidad y el acceso se comportarán en el futuro; y las decisiones que se deben tomar sobre la realización de la intervención y cómo intervenir. El término 'evaluación de mercado' puede usarse para describir este proceso también. El análisis de las cadenas de valor es un tipo de análisis de mercado (vea también **Análisis de la cadena de valor**).

Cadena de mercado

(Vea **Subsector** o **Cadena de valor;** vea también **Sistema de mercado.**)

Cadena de valor

Describe todo el rango de actividades necesarias para llevar a un producto o servicio desde su concepción hasta su uso final y más allá, e incluye tales actividades como su diseño, producción, comercialización, distribución y el apoyo para el usuario final. Las actividades de la cadena de valor pueden ser contenidas dentro de una sola empresa o divididas entre varias compañías. Las actividades de la cadena de valor pueden limitarse a una sola ubicación geográfica o diseminarse en un área más amplia.

Las cadenas globales de valor se dividen entre múltiples empresas y se reparten por amplios espacios geográfico; de allí el término "cadena global de valor". La evidencia demuestra que las cadenas globales de valor se volvieron mucho más frecuentes y complejas hacia fines del siglo veinte. Hoy en día, el proceso de desarrollo económico no puede ser aislado de estos sistemas globales. Esto significa que las empresas y los trabajadores que se hallan en lugares muy distantes entre sí, inciden los unos en los otros más que en el pasado. Algunos de estos efectos son bastante directos, como cuando una empresa de un país establece una nueva fábrica o centro de ingeniería en otro país. Otros son más complejos, como cuando una firma en un país celebra un contrato con una compañía en otro país para coordinar la producción en las fábricas de otra empresa más en un tercer país, y así sucesivamente (vea **Subsector**).

Choque

Suelen ser eventos repentinos e irregulares que afectan de manera significativa la capacidad de las familias o empresas para generar ingresos por las vías normales. A la escala de una economía o mercado, un choque constituye un evento que perturba las pautas y tendencias de comercio establecidas. Los efectos de un choque varían entre familias, empresas y mercados.

Competitividad

La capacidad de una empresa o país para competir exitosamente con otras empresas o países, en base a su precio, calidad, distinción, buen servicio, y/u otras normas de valoración social o ambiental. También se refiere a la competitividad como crecimiento sostenible de la productividad, que resulta en un mejor nivel de vida para el ciudadano promedio. La habilidad para lograr y mantener la competividad depende de la capacidad de innovación. En vista de que la ventaja competitiva de una empresa depende del sistema comercial y entorno de políticas en el cual opera, la competitividad a todo nivel es interdependiente. Por tanto, el éxito en lograr un desempeño competitivo depende no sólo de la capacidad de una empresa para la innovación, sino también del desempeño de sus vinculaciones hacia arriba y hacia abajo en las respectivas cadenas de valor.

Conseguir que los mercados funcionen para los pobres (M4P, por sus siglas en inglés)

El enfoque M4P está impulsado en parte por el ambicioso programa Objetivos del Milenio de las Naciones Unidas para reducir la pobreza extrema por mitad para el año 2015. M4P busca "acelerar crecimiento en pro de los pobres al mejorar los resultados que son de importancia para los pobres en su papel como empresarios, empleados o consumidores de los mercados."[2] Incorpora no solo a los mercados locales sino también a los nacionales, regionales y globales. Los cambios en normativa de políticas y prácticas empresariales que afectan el ambiente facilitador son una parte integral del enfoque. El propósito de estos proyectos es cambiar la estructura y las características de los mercados para incrementar la participación por los pobres en términos que los beneficien.[3] Note que algunos operadores también se refieren al M4P como el enfoque "base de la pirámide", según el título del libro de C.K. Prahalad.

Cooperación entre las empresas

Se define como un acuerdo estratégico entre dos o más negocios, el cual implica el intercambio, la tenencia compartida o el desarrollo conjunto de productos, tecnologías o servicios. Abarca diversos arreglos entre empresas de tamaño micro, pequeño, mediano y grande, incluidas las relaciones de otorgamiento de licencias y subcontratación, las tecnologías, la comercialización y otros tipos de alianzas estratégicas. La principal motivación de esta cooperación es el mejoramiento de la posición competitiva o el poder en el mercado, la disminución de los costos por transacción y el acceso a los conocimientos y aprendizajes organizacionales. La cooperación entre empresas puede constituir un mecanismo eficaz para el fortalecimiento de capacidades en áreas como la tecnología, el mejoramiento de la calidad de los productos y procesos, la comercialización y los conocimientos administrativos prácticos, particularmente para las micro, pequeñas y medianas empresas. (Ver **Vínculos comerciales, Cooperativas y Grupos de productores**).

Cooperativas[4]

Una cooperativa es una asociación autónoma de personas que se unen voluntariamente para satisfacer sus necesidades y aspiraciones comunes en lo económico, social y cultural mediante una empresa caracterizada por el dominio conjunto y la gestión democrática. El modelo empresarial cooperativo puede ser aplicado a cualquier actividad comercial. Existen cooperativas en los sectores económicos tradicionales como la agricultura y pesca, los servicios financieros y al consumidor, la vivienda y la producción (cooperativas de trabajadores). Sin embargo, se encuentran las cooperativas en una amplia gama de sectores y actividades, que incluyen el compartir vehículos ("carsharing"), los cuidados infantiles, la atención médica y social, los funerales, las orquestas y filarmónicas, las instituciones educativas, el deporte, el turismo, los servicios básicos (fluido eléctrico, agua, gas, etc.), el transporte (taxis, buses, etc.) y muchos más. (Vea Activos colectivos y grupos de productores)

Corrupción[5]

El abuso del poder encomendado con el propósito de obtener ventaja personal, lo cual incluye la corrupción financiera en forma de fraude, cohecho y soborno. También abarca formas no financieras de corrupción, como la manipulación o desviación de la ayuda humanitaria en beneficio de grupos no seleccionados, la asignación de recursos de asistencia a cambio de favores sexuales, el trato preferencial a los familiares o amigos en los procesos de asistencia o contratación, así como la coerción e intimidación para que los empleados o beneficiarios se "hagan de la vista gorda" o participen en la corrupción.

Costos de oportunidad[6]

El valor que tendría un conjunto determinado de recursos dado su mejor uso alternativo. En el caso de los beneficiarios de las intervenciones de recuperación económica, se refieren al valor de otra producción que habrían podido realizar con sus activos en cuestión (p.ej., otras actividades que habrían realizado con su tiempo u otro cultivo que habrían podido cosechar en su tierra).

Costos financieros (también conocidos como costo de los fondos)

El costo de los fondos gestionados por una institución de microfinanzas para afrontar su actividad como prestamista. Dependiendo del contexto, esto puede incluir únicamente el costo de los intereses desembolsados para los depositantes u otras instituciones financieras, o también contemplar el costo de oportunidad de fondos recibidos de los donantes, gobiernos u organizaciones caritativas en calidad de donaciones o préstamos blandos.

Costos operativos

La porción de los costos de un programa que abarcan al personal y otros costos administrativos, la depreciación de activos fijos y las pérdidas crediticias.

Costos totales (de oportunidad) a largo plazo

En el contexto de estos lineamientos, la suma de los costos financieros y operacionales representa lo que desembolsa una organización para poder ofrecer servicios (como el crédito) de determinada cantidad y calidad, una vez alcanzada una economía de escala factible y mejoras en la eficiencia operacional, valorándose todos los costos según su costo de oportunidad. Se emplea como base para calcular los precios a ser cobrados por los servicios, a fin de permitir que la organización alcance su plena sostenibilidad financiera. En caso que una institución servicios financieros experimente gran crecimiento o mejoras de eficiencia operativa, el costo total a largo plazo de proporcionar el crédito típicamente será menor al costo observado actualmente.

Crecimiento económico[7]

"Un cambio cuantitativo o expansión en la economía de un país. El crecimiento económico se mide convencionalmente como el aumento porcentual del Producto Interno Bruto (PIB) o del Producto Nacional Bruto (PNB) durante un año. El crecimiento económico se presenta en dos formas: una economía puede crecer de manera "extensiva" mediante el uso de mayores recursos (como el capital físico, humano o natural) o en forma "intensiva" por la utilización más eficiente (productiva) de la misma cantidad de recursos. El crecimiento económico que se logra empleando más mano de obra, no resulta en un aumento de los ingresos *per cápita* (véase el Capítulo 4). Pero cuando el crecimiento económico se obtiene mediante un uso más productivo del conjunto de recursos, incluida entre éstos la mano de obra, esto resulta en mayores ingresos per cápita y en un aumento en el promedio del nivel de vida entre la población. El crecimiento económico intensivo requiere de desarrollo económico.

Un aumento en el valor de los bienes y servicios producidos por una economía. Convencionalmente se mide como la tasa porcentual de incremento en el Producto Interno Bruto real (PIB real). Por lo general el crecimiento se calcula en términos reales, es decir, ajustado para la inflación, a fin de anular el efecto de ésta en el precio de los bienes y servicios producidos. En la economía, el "crecimiento económico" o la "teoría de crecimiento económico" típicamente se refieren a un aumento en el producto potencial, es decir, en la producción con "pleno empleo" causado por un crecimiento en la demanda agregada o en el producto observado.

Crédito subsidiado

El otorgamiento de préstamos a cambio de unas tasas de interés y comisiones que no cubren los costos totales de dicho servicio a largo plazo.

Desarrollo de la microempresa

Toda actividad emprendida por donantes, gobiernos de países anfitriones u organizaciones no gubernamentales para mejorar la vida de los pobres mediante el fomento de la creación de micro y pequeñas empresas o el aumento de su rentabilidad.

Desarrollo de mercados

El desarrollo de mercados, según lo define la Red SEEP, constituye un subcampo del desarrollo empresarial, en el cual los programas buscan ayudar a las micro y pequeñas empresas a participar en los mercados existentes y potenciales en los cuales operan (incluidos los de insumos y apoyo, al igual que los finales) y beneficiarse más de los mismos. En vista de que las micro y pequeñas empresas no operan en aislamiento sino que forman parte de un mercado más grande, en el desarrollo de mercados se procura ejecutar programas que tomen en cuenta las fuerzas y tendencias del mercado. Esto posiblemente requiera que los programas trabajen no sólo a nivel de las pequeñas empresas o familias individuales, sino además con las empresas mayores, asociaciones o instituciones gubernamentales que participen e influyan en los mercados. El objetivo último de los programas de desarrollo de mercados es el de estimular el crecimiento económico sostenible que reduce la pobreza, principalmente asegurando que los propietarios y empleados de las pequeñas empresas participen en el crecimiento y cosechen grandes recompensas. [Para conocer diferentes metodologías orientadas a la programación del desarrollo de mercados, vea **Cadenas de valor, Subsector y Conseguir que los mercados funcionen para los pobres (M4P)**]

Desarrollo económico

Como disciplina amplia, diferentes grupos definen el desarrollo económico según su grupo objetivo y campo de práctica. Las definiciones del término incluyen:

- "Mayor eficiencia en el uso de los recursos, a fin de producir igual o mayor cantidad de bienes y servicios con menos insumos de capital natural, fabricado y humano."[8]

- Modificación cualitativa y restructuración de la economía de un país en conexión con los avances tecnológicos y sociales. El principal indicador del desarrollo económico es un aumento en el PNB per cápita (o PIB per cápita), que refleja un aumento en la productividad económica y en el bienestar material promedio de la población de un país. El desarrollo económico está estrechamente relacionado con el crecimiento económico."[9]

Desarrollo empresarial

El desarrollo empresarial involucra el apoyo a las actividades económicas tanto por individuos como por negocios, que van desde el trabajo por cuenta propia hasta las operaciones comerciales grandes, ya sea formales o informales. Esto puede incluir el apoyo directo a las empresas pero también se refiere a las intervenciones que ayudan a un sistema de mercado completo o a la cadena de valor a funcionar de manera más eficaz y de modo que ayude a los beneficiarios objetivo a elevar sus ingresos.

Empresa[10]

Se considera empresa a cualquier entidad que desempeña alguna actividad económica, sin importar su conformación legal. En los programas de desarrollo empresarial, esto incluye especialmente a personas autoempleadas, negocios familiares, alianzas, o negocios colectivos (asociaciones, cooperativas, grupos informales), que participan regularmente en una actividad económica. (Para conocer la definición de las micro, pequeñas y medianas empresas según el monto de ingresos y número de empleados, vea Microempresa)

Entorno habilitante

El entorno de políticas, normatividad, institucionalidad y gobernabilidad económica en general, todo lo cual posibilita el crecimiento económico.

Estrategia de salida

Tiene que ver con la terminación de los subsidios en una intervención, dejando atrás mejoras sostenibles en el sector privado.

Estrategias de adaptación

Hace referencia a los esfuerzos específicos que realiza una familia para hacerles frente a las alteraciones en su fuente de ingresos. Algunos ejemplos comunes de posibles estrategias negativas de adaptación son: reducción de la ingesta diaria de alimentos; consumo de alimentos más económicos; reducción del gasto familiar en aspectos como vestimenta, cuidados médicos y educación; y reducción del número de dependientes en el hogar.

Evaluación[11]

En estas *Normas*, la "evaluación" generalmente se refiere a determinaciones posteriores a la intervención del desempeño del programa y sus efectos, por ejemplo, resultados o impacto. (Vea también **valoración.**)

Evaluación de mercado

(Vea **Análisis de mercado** y **Análisis de la cadena de valor**)

Evaluación del impacto

Tiene que ver con la evaluación del impacto de un proyecto y la comprobación de su causa, mediante la comparación de los resultados reales con una situación contraria a los hechos: un estimado de lo que habría sucedido de no haberse ejecutado el proyecto. La mejor manera de evaluar el impacto de un proyecto es mediante un estudio de muestreo longitudinal que utilice una metodología experimental o cuasi experimental para comparar una muestra de participantes en el proyecto con un grupo de control que participa pero que sea similar en lo demás. A veces se miden los impactos mediante un sondeo de opiniones de los participantes o expertos. Mientras tales indagaciones cualitativas pueden efectivamente complementar los estudios longitudinales, no constituyen sustitutos satisfactorios de las metodologías superiores.

Facilitador

Una institución o un proyecto que presta un apoyo indirecto para el desarrollo del sector privado. En vez de prestar servicios directamente, un facilitador coordina intervenciones que fortalezcan las capacidades locales para la oferta de servicios comerciales o soluciones (a limitaciones recurrentes), preferiblemente por medio de los actores existentes en el sector privado. Estos servicios o soluciones pueden incluir el acceso a mercados, el desarrollo/diseño de productos, el acceso a tecnologías, la capacitación, la consultoría, los servicios financieros (vínculos con los mismos), el mejoramiento de la producción o los servicios de asesoría legal.

Grupos de productores

Se define como la organización de individuos que elaboran productos similares, a fin de lograr economías de escala y mayor eficiencia en la producción o comercialización. Mediante su organización (cooperación) en grupos de productores, a menudo las micro y pequeñas empresas logran: 1) mejorar su acceso a materias primas a menor costo mediante su adquisición al granel; 2) aumentar su eficiencia por medio del intercambio de habilidades y recursos de producción; 3) elevar la calidad y comerciabilidad de sus productos mediante la aplicación de estándares comunes de producción y especificaciones impulsadas por el mercado; 4) incrementar su acceso al financiamiento disponible; 5) obtener servicios comerciales esenciales mediante mecanismos incorporados o de cobro por servicios; y 6) mejorar su posición en el mercado mediante el aseguramiento de las calidades, las cantidades y los tipos de productos que exigen múltiples compradores (véanse **Cooperativas** y **Cooperación entre empresas**).

Impacto

Un cambio intencional en algún objetivo de alto nivel del programa, como por ejemplo el crecimiento empresarial o los ingresos familiares. Se debe distinguir de los productos intermedios de un proyecto, tales como el número de productores organizados o cuántas capacitaciones se han realizado.

Institución / organización de microfinanzas (IMF u OMF)

Es una organización cuyas actividades consisten en todo o en parte de la prestación de servicios financieros a los microempresarios.

Integración de mercados

Un sistema de mercados está integrado cuando los vínculos entre los actores de los mercados locales, regionales y nacionales están funcionando bien. En un sistema de mercados integrados, cualquier desequilibrio en la oferta y la demanda en un área se compensa por los movimientos relativamente fáciles de bienes de otros mercados cercanos y regionales.

Mediana empresa

(Ver **Microempresa** y **Pequeña empresa**)

Medios de vida

Los medios de vida comprenden las capacidades, los activos (incluidos los recursos materiales y sociales) y las actividades que se requieren como medios para vivir. Los medios de vida se sostienen cuando pueden soportar y recuperarse de diversas tensiones y choques preservando o mejorando sus activos y capacidades sin debilitar su base de recursos naturales. (DFID)

Los medios de vida son estrategias que emplean las personas para poseer, utilizar y transferir activos a fin de producir los ingresos de hoy y afrontar los problemas de mañana. Estas estrategias cambian y se adaptan en respuesta a diversos choques, influencias externas, normas y reglamentos institucionales, entre otros factores. Una intervención en los medios de vida debe ser tan dinámica como estas estrategias. Una metodología para reducción de la pobreza, si se centra en los medios de vida, esencialmente considera la manera como los pobres manejan sus activos dentro de un contexto de vulnerabilidad. Las estrategias de reducción de la pobreza deben incluir políticas y acciones que promuevan los medios de sustento sostenibles y generen una institucionalidad que resulte en un mayor control y dominio sobre los activos por parte de los pobres. (USAID)

Mercados de apoyo o servicios de apoyo

(Vea **Servicios de desarrollo empresarial**)

Microempresa

Una empresa muy pequeña de propiedad de pobres quienes la operan, normalmente en el sector informal, que cuenta con 10 o menos trabajadores, incluido el emprendedor y cualquier obrero familiar sin sueldo. Esto abarca la producción de cultivos, siempre que la actividad satisfaga la definición en los demás aspectos (USAID).

La categoría de micro, pequeñas y medianas empresas (MPMEs o MIPYMEs) es conformada por aquellas empresas que emplean a menos que 250 personas, con una facturación anual que no excede los 50 millones de euros y/o un balance anual que no pasa de los 43 millones de euros. Dentro de la categoría de los MPMEs, una pequeña empresa se define como aquella que emplee a menos de 50 personas y tiene una facturación anual o un balance anual que no sobrepase los 10 millones de euros. Dentro de la categoría de los MPMEs, una microempresa se define como aquella que emplee a menos de 10 personas, con una facturación y/o balance anual que no sobrepase los 2 millones de euros (Comisión Europea).[12]

Una microempresa se define como aquella que cuenta con hasta 10 empleados, un total de activos de hasta US$ 100.000 y un total anual de ventas de hasta $100.000. Una pequeña empresa tiene hasta 50 empleados, activos por un total de de hasta $3 millones y un total de ventas de hasta $3 millones. Una mediana empresa cuenta con hasta 300 empleados, activos totales de hasta $15 millones y ventas totales de hasta $15 millones. Aunque se admite que son subjetivas estas definiciones y aún se encuentran bajo revisión, son ampliamente congruentes con los que utiliza la mayoría de instituciones financieras internacionales. Aún así, cabe notar que las cifras que constan en lo anterior dependen en gran medida de la definición elegida, ya sea la que antecede u otra (Banco Mundial)[13]

Microempresario

El propietario y operador de una microempresa, en algunos casos un individuo en desventaja económica, social o educativa, quien generalmente carece de acceso al sistema formal de banca comercial y a los servicios tradicionales de desarrollo empresarial.

Microfinanzas

La prestación de servicios financieros adaptados a las necesidades de personas de bajos ingresos (como los microempresarios), especialmente la emisión de pequeños créditos, aceptación de pequeños depósitos en ahorro y la provisión de los servicios requeridos por los microempresarios y otras personas que carezcan de acceso a los principales servicios financieros.

Negocio

Ocupación, profesión, oficio, o entidad que ejerce una actividad económica, con fines de lucro (vea **Empresa y microempresa**).

Organización ejecutora

En el contexto de la recuperación económica, es toda organización guber- namental o no gubernamental que presta directamente servicios financieros y/o asistencia no financiera a las microempresas, o que realice otras activi- dades cuyo propósito es mejorar el ambiente para el desempeño de las microempresas.

Pequeñas empresas y PYME (pequeñas y medianas empresas)

También conocidas como Mipymes: micro, pequeñas y medianas empresas (vea **Empresa** y **Microempresa**).

Protección de activos

Con mayor frecuencia se refiere a impedir la venta o el consumo de activos mediante transferencias en dinero o valores (cupones, asistencia alimentaria, etc.). También pueden incluir actividades para proteger físicamente a los activos naturales y familiares, y asegurar el acceso a los activos colectivos o de mayor escala (como la tierra, el agua o las instalaciones bajo gestión colectiva), así como los esfuerzos por asegurar que las leyes locales y normas culturales no pongan en peligro los activos de la gente.

Remesas

Los ingresos enviados por migrantes a sus países de origen. En la mayoría de los países de Latinoamérica y el Caribe, por ejemplo, las remesas constituyen una fuente vital de divisas.

Respuestas indirectas[14]

Las intervenciones que involucran a los comerciantes, mayoristas, funcionarios o formuladores de políticas; cualquier parte que no sea el beneficiario objetivo de la intervención y que conlleva beneficios para la población objetivo principal. Un ejemplo de la intervención indirecta sería la rehabilitación de los vínculos de infraestructura clave para poder aumentar el comercio y crear trabajos para las personas afectadas por la crisis.

Retorno ajustado sobre las operaciones

La medida principal que emplean muchas organizaciones para valorar la sostenibilidad financiera de una institución de microfinanzas. Un valor de uno o más implica una sostenibilidad financiera total (vea la **Sostenibilidad financiera total**).

Sector formal/economía formal[15]

El sector formal y la economía formal hacen referencia a las unidades económicas reguladas (por ejemplo negocios), así como los trabajadores regulados y protegidos. Dicho de otra manera, el sector formal comprende todas aquellas actividades económicas y empresas que son reguladas o gravadas por el gobierno (vea Sector informal / economía informal).

Sector informal/economía informal[16]

El sector informal o la economía informal, conocidos también como la "segunda economía", hacen referencia al trabajo que no es regulado o gravado por el gobierno. Cubre múltiples actividades y diversos tipos de relaciones frente al trabajo y el empleo. El sector informal puede incluir a: auto-empleados (en sus propias actividades y negocios familiares); trabajadores a sueldo en empresas informales; empleados del sector formal con segundas actividades económicas informales; trabajadores sin sueldo en negocios familiares; trabajadores ocasionales sin empleadores fijos; y trabajadores bajo subcontrato, vinculados con empresas formales o informales. La vasta mayoría de los trabajadores del mundo, incluidos los más pobres, se encuentran en el informal sector informal. (Vea **Sector formal / economía formal**)

Sector privado[17]

Se compone de las entidades operadas por individuos o grupos privados, usualmente como medio para obtener lucro, y no es controlada por el estado. Por el contrario, las empresas que son parte del estado son parte del sector público; las organizaciones privadas, no lucrativas son consideradas como parte del sector voluntario. (Sin embargo, los gobiernos, las empresas estatales y las organizaciones sin fines de lucro están todas involucradas en los diversos sistemas de mercado; por ejemplo, como empleadores, compradores de bienes y servicios, y algunas veces como proveedores de bienes y servicios.)

Servicios de desarrollo comercial (SDC)

Un amplio abanico de servicios no financieros esenciales para la entrada, supervivencia, productividad, competitividad y crecimiento de las empresas[18] (vea empresa y microempresa). Esto incluye los servicios estratégicos y operacionales que requieren las compañías para poder sostener sus operaciones y elevar el nivel de sus prestaciones, a fin de aumentar su rentabilidad. Los SDC pueden incluir servicios genéricos, tales como la capacitación ISO, asistencia técnica en informática, planificación estratégica y mercadotecnia, así como servicios específicos a cada subsector en el desarrollo de productos, acceso a mercados, suministro de insumos, compraventa o arrendamiento de equipos y otras asistencias técnicas o capacitaciones en el sector.

Servicios financieros

En el contexto del desarrollo empresarial, abarca la prestación de diversos servicios financieros a las personas de bajos ingresos, que incluyen crédito, ahorros, remesas, seguros, arrendamiento mercantil y tarjetas de crédito (vea

Microfinanzas). Estos servicios generalmente se dirigen a personas de bajos ingresos pero también pueden incluir empresas grandes para crear oportunidades de empleo para personas de bajos ingresos.

Sistema de mercado

La compleja red de personas, estructuras de comercio y reglas que determinan cómo se produce, tiene acceso y se intercambia un bien o servicio en particular. Se puede considerar como una red de actores del mercado, apoyada por diversas formas de infraestructura y servicios, interactuando dentro de las reglas de contexto y las normas que forman su entorno empresarial. (Vea también **Cadena de valor, Subsector** y **Cadena de mercado**).

Sostenibilidad

La sostenibilidad de los impactos de un proyecto requiere del desarrollo de capacidades locales para poder hacerles frente a las limitantes recurrentes en la cadena de valor mediante esfuerzos por reformar las políticas y/o los reglamentos, así como soluciones comerciales para apoyar los servicios (empresariales y financieros) y mejorar los productos. Adicionalmente, las intervenciones deben ser de carácter temporal y debe elaborarse una estrategia de retirada desde el inicio (no al final del proyecto), a fin de asegurar que los impactos sean sostenibles una vez finalizadas las actividades del proyecto.

Sostenibilidad/autosuficiencia operativa

Una situación según la cual una organización genera suficientes ingresos a partir de sus clientes como para cubrir la totalidad de sus costos operativos.

Sostenibilidad financiera

La medida en que una organización recaude suficientes ingresos de la venta de sus servicios, como para cubrir la totalidad de los costos de sus actividades, incluyendo costos de operación, el costo de los fondos y las pérdidas esperadas.

Sostenibilidad financiera total

Una situación en la cual los ingresos que genera una organización a raíz de sus clientes, cubren la totalidad de los costos (de oportunidad) implícitos en sus actividades, permitiéndola operar a un ritmo estable o creciente sin el continuo apoyo de los gobiernos, donantes, u organizaciones de caridad. Al aplicarse a una institución de servicios financieros, la sostenibilidad financiera total exige que los intereses y las tarifas que aplica la institución de microfinanzas a sus créditos, sean iguales o mayores a la suma de sus costos operacionales y financieros, valorándose éstos últimos según su costo de oportunidad.

Subsector[19]

Un subsector puede definirse como el conjunto de compañías que compran y venden entre sí para poder ofrecerle al consumidor final un a serie determinada de productos o servicios (vea **Cadena de valor**).

Subsidio

En el contexto de la recuperación económica, cuando alguien que no es el usuario de un bien o servicio (p. ej., una ONG o el gobierno) paga todo o parte de su costo, de tal manera que el usuario final no paga la totalidad del precio.[20]

Tasa de mercado

La tasa de interés o tarifa vigente que se ofrece en el mercado y que refleja la oferta y la demanda para dicho servicio y el costo de la entrega de dicho servicio.

Tasas de interés y tarifas para la recuperación de los costos totales

El nivel de las tasas de interés, tarifas y demás gastos requeridos para cubrir la totalidad de los costos a largo plazo implicados en producir un préstamo determinado u otro servicio financiero o no financiero.

Valor agregado

(Vea **Actualización**)

Valoración[21]

Para los propósitos de las Normas, "valoración" se refiere generalmente a la investigación (tanto en persona como secundaria) realizada antes y periódicamente durante una intervención de recuperación económica en los sistemas de mercado, los beneficiarios y las condiciones circundantes. (Vea también **evaluación**.)

Vínculos del mercado

(Vea **Vínculos empresariales, Análisis de la cadena de valor** y **Subsector**)

Vínculos empresariales

Incluye los vínculos tanto verticales como horizontales entre empresas. Los vínculos empresariales incluyen el fortalecimiento de las relaciones de beneficio mutuo entre empresas al mismo nivel de la cadena de valor (horizontales) y a diferentes niveles de la cadena (verticales), así como la superación de los limitantes a todo nivel de la cadena en apoyo a las relaciones de tipo ganar–ganar. Los vínculos empresariales a veces se conocen como vínculos de mercado. (Vea también los vínculos horizontales y verticales).

Vínculos horizontales

Las interacciones de mercado y no pertenecientes al mercado y las relaciones entre las empresas y los individuos que realizan la misma función en un sistema de mercado (p. ej., entre varios mayoristas). Los vínculos horizontales tienden a ser arreglos cooperativos a más largo plazo entre las empresas e involucran interdependencia, confianza y unión de recursos para poder cumplir con los objetivos comunes. Tanto los vínculos horizontales formales como los informales pueden ayudar a reducir los costos de las transacciones, crear economías a escala y contribuir a la eficiencia y competitividad de un sector. Dichos vínculos también facilitan el aprendizaje colectivo y el compartir riesgos mientras se aumenta el potencial para mejorar e innovar.[22]

Vínculos verticales[23]

Los vínculos entre actores que se encuentran en diferentes niveles de la cadena de valor o del sistema de mercado, p. ej. compradores y vendedores. Además de las actividades de compra y venta, los vínculos verticales permiten el intercambio de conocimiento, información y servicios técnicos, financieros y empresariales.

Remarques

1   Adaptado de Albu, Mike. *Emergency Market Mapping and Analysis Toolkit*. Practical Action Publishing y Oxfam GB, 2010.

2   DFID, "Lograr que los mercados funcionen para los pobres (M4P): Introducción al concepto," documento de análisis preparado para el taller conjunto de ADB/ DFID en "Lograr que los mercados funcionen para los pobres," Manila, Filipinas, 15-16 de febrero de 2005.

3   David Ferrand, Alan Gibson y Scott Hugh, *Making Markets Work for the Poor: An Objective and an Approach for Governments and Development Agencies*

(Woodmead, Sudáfrica: ComMark Trust, 2004); y SIDA, "Making Markets Work for the Poor: Challenges to SIDA's Sup- port to Private Sector Development," edición provisional (Estocolmo, Suecia: Sida, 2003).

4 Alianza Cooperativa Internacional http://www.ica.coop/coop/index.html.

5 Vea el sitio web de Transparencia Internacional, http://www.transparency.org/.

6 Adaptado de microLINKS y contribuyentes a las *Normas*.

7 Banco Mundial, Sitio web del Programa de desarrollo educativo, DEPweb, "Glosario de desarrollo económico," en Beyond Economic Growth Student Book, http://www.worldbank.org/depweb/english/beyond/global/glossary.html. Acceso en septiembre de 2010.

8 UNESCO, http://www.unesco.org/education/tlsf/TLSF/intro/glossary_links/glossary.htm. Acceso en septiembre de 2010.

9 Banco Mundial, Sitio web del Programa de desarrollo educativo, DEPweb, "Glosario de desarrollo económico", en Beyond Economic Growth Student Book, http://www.worldbank.org/depweb/english/beyond/global/glossary.html. Acceso en septiembre de 2010.

10 Recomendaciones de la comisión realizadas el 6 de mayo de 2003 en relación a la definición de las micro, pequeñas y medianas empresas (notificado bajo el documento número C(2003) 1422), http://eur lex.europa.eu/LexUriServ/LexUriServ.do?uri=CELEX:32003H0361:EN:NOT

11 Desarrollado por contribuyentes a las *Normas de recuperación económica.*

12 Periódico oficial de la Unión Europea, Recomendación de la Comisión, 6 de mayo de 2003; su definición de micro, pequeñas y medianas empresas (http://europa.eu.int/eur-lex/pri/en/oj/dat/2003/l_124/l_12420030520en00360041.pdf).

13 Banco Mundial, "Small and Medium Enterprise Development," http://www2.ifc.org/sme/html/sme_definitions.html.

14 Desarrollado por contribuyentes a las *Normas*.

15 De Martha Alter Chen, "Rethinking the Informal Economy," DESA Working Paper, no. 46, ST/ESA/2007/DWP/46 (Nueva York: Naciones Unidas, Departmento de Asuntos Económicos y Sociales), http://un.org/esa/desa/papers/2007/wp46_2007.pdf. Vea también Wikipedia, "Informal Economy" (http://en.wikipedia.org/wiki/Informal_economy#cite_ref-portes_0-0). Acceso a ambos en septiembre de 2010.

16 Mujeres en Empleo Informal, http://www.wiego.org junto con la Organización Internacional de Trabajo (OIT).

17 Adaptado de Wikipedia: http://en.wikipedia.org/wiki/Private_sector.

18 Comité de Organismos Donantes para el Desarrollo de la Pequeña Empresa, *Business Development Services for Small Enterprises: Guiding Principles for Donor Intervention* (Ginebra: OIT, 2001), http://www.ilo.org/public/english/employment/ent/papers/guide.htm. El Comité de Donantes incluye: USAID, DFID, ACDI, IFAD, PNUD, JICA, UE, GTZ, *Ford Foundation* y el Banco Mundial.

19 Frank Lusby y Henry Panlibuton, *Promoting Commercially Viable Solutions to Sub-Sector and Enterprise Development Constraints* (Arlington, VA, EUA: Action for Enterprise, 2004).
20 Desarrollado por los contribuyentes a las *Normas*.
21 Desarrollado por contribuyentes a las *Normas de recuperación económica.*
22 Adaptado de USAID microLINKS Value Chain Development wiki.
23 Adaptado de USAID micrioLINKS Value Chain Development wiki.

9

EQUIPO QUE PARTICIPÓ EN EL DESARROLLO DE LAS NORMAS

Sería una negligencia de nuestra parte no enumerar a todas las personas y a sus organizaciones que han aportado de su tiempo, talentos y energía en la elaboración de la primera y segunda edición de las *Normas mínimas para la recuperación económica.*

Equipo de redacción

Normas mínimas para la recuperación económica – Edición revisada 2010

Deena Burjorjee, *Independent Consultant*
Tiziana Clerico, *UNHCR*
Tiare Cross, *Relief International*
Anna Cuny, *ACDI/VOCA*
John Damerell, *Sphere Project*
Scott Di Pretoro, *American Red Cross*
Mayada El-Zoghbi, *World Bank/ CGAP*
Karri Goeldner Byrne, *IRC*
Shoshana Hecker, *Independent Consultant*
Terry Isert, *Independent Consultant*
Karen Jacobsen, *Tufts University*
Catherine Johnston, *DAI*

David Leege, *CRS*
Monica Matts, *Chemonics*
Sasha Muench, *Mercy Corps*
Luke Pragle, *IOM*
Adina Saperstein, *Banyan Global*
Hannah Schiff, *ACDI/VOCA*
Philip Schwehm, *RTI*
Meredith Sisa, *CHF International*
Kimberly Tilock, *CHF International*
Aysha Twose, *Save the Children*
Anita Van Breda, *WWF*
Saralı Ward, *IRC*
Kim Wilson, *Tufts University*
Jason Wolfe, *USAID/MD*
Michael Zeleke, *American Red Cross*

Normas mínimas para la recuperación económica en situaciones de postcrisis, 2009

Mike Albu, *Practical Action*
Sarah Bailey, *ODI*
Elizabeth Bellardo, *InterAction*
Tanya Boudreau, *FEG Consulting*
Ruth Campbell, *ACDI/VOCA*
Sybil Chidiac, *CARE*
Eric Derks, *AFE*
Tuan Doan, *Save the Children*
Mayada El-Zoghbi, *Banyan Global*
Jesse Fripp, *ShoreBank International*
Karri Goeldner Byrne, *IRC-UK*
Colleen Green, *DAI*
Canan Gündüz, *International Alert*
Rob Henning, *OTF Group*
Terry Isert, *ARC*
Carlton Jones, *JE Austin Associates*
Diana Klein, *International Alert*
Alex Kobishyn, *FINCA*

Ben Lydecker, *CRS*
Lloyd McCormick, *CCF*
Devorah Miller, *CCF*
Lauren Mitten, *DAI*
Lili Mohiddin, *OxfamUK*
Mary Morgan, *Friend of SEEP*
Sasha Muench, *Mercy Corps*
Tregenna Myrabo, *World Vision International*
Geetha Nagarajan, *IRIS Center*
Tim Nourse, *AED*
Amelia Peltz, *Save the Children*
Adina Saperstein, *ACDI/VOCA*
Ina Schonberg, *Save the Children*
Thomas Shaw, *CRS*
Rod Snider, *Save the Children*
Kimberly Tilock, *CHF International*
Monica Verma, *FINCA*
Sarah Ward, *Mercy Corps*

Facilitador principal: Tracy Gerstle, *CARE*
Co-facilitador: Laura Meissner, *SEEP*

Nota: Algunas personas han salido de las organizaciones enumeradas anteriormente; sin embargo, se les menciona para dar crédito al compromiso de la organización.

Un agradecimiento especial a John Damerell, Aninia Nadig, Hani Eskandar, y Alison Joyner del Proyecto Esfera por su orientación y apoyo.

www.ingramcontent.com/pod-product-compliance
Lightning Source LLC
Chambersburg PA
CBHW072138020426
42334CB00018B/1854